하인리히 불링거

Heinrich Bullinger

Heinrich Bullinger

Copyright ⓒ 2015 **Sang Bong Park, Th.M., Ph.D.**
Published by Hapdong Theological Seminary Press
50, Gwanggyojungang-Ro, Youngtong-Gu,
Suwon, Kyeonggi-Do, Korea 16517
Telephone | +82-31-217-0629
Fax | +82-31-212-6204
homepage |www.hapdong.ac.kr
e-mail | press@hapdong.ac.kr
All rights reserved

Printed in Korea

하인리히 불링거

초판 1쇄 인쇄 | 2015년 11월 6일
초판 1쇄 발행 | 2015년 11월 6일

지은이 | 파트릭 뮐러(Patrik Müller)
      박상봉 역
발행인 | 조병수
펴낸곳 | 합신대학원출판부
주 소 | (16517) 수원시 영통구 광교중앙로 50(원천동)
전 화 | (031)217-0629
팩 스 | (031)212-6204
홈페이지 | www.hapdong.ac.kr
출판등록번호 | 제 22-1-1호
출판등록일 | 1987년 11월 16일
인쇄처 | 예원프린팅
총 판 | (주)기독교출판유통(031)906-9191
값 8,000원

ISBN 978-89-97244-30-0 93230
*잘못된 책은 교환해 드립니다

「이 도서의 국립중앙도서관 출판시도서목록(CIP)은 e-CIP홈페이지(http://www.nl.go.kr/ecip)와 국가자료공동목록시스템(http://www.nl.go.kr/kolisnet)에서 이용하실 수 있습니다.
(CIP제어번호: 2015029213」

하인리히 불링거

Heinrich Bullinger

합신대학원출판부

종교개혁자,

교회 정치가,

역사가

차례

저자 서문   7
역사 서문   9

격랑의 시간들	11
사랑받은 아들	20
학업의 과정	26
내면의 길	33
카펠에서 수도원 교사	37
초기 저술들	43
재세례파들과 세례논쟁	47
취리히에서 신학을 위한 체류	52
약혼과 결혼	55
브렘가르텐에서 목회사역	60
설교의 자유	64
취리히 – 새로운 예루살렘	69
교회 재산을 위한 투쟁	73
그로스뮌스터 교회의 설교자	76
가족	80
스위스 연방 안에서 개혁주의 교회의 일치를 위한 노력들	87
개혁주의 교회의 아버지	98
기록자와 역사가	106
한 개인의 유언적인 신앙고백서	111

* 참고 서적   118
* 그림 색인   119

저자 서문

하인리히 불링거(Heinrich Bullinger)는 500년 전에 태어난 인물이다. 취리히 대학교의 스위스 종교개혁 연구소는 불링거의 탄생 500주년을 기념하기 위해서 학문적인 저술들을 출판하는 것과 국제적인 학술회의를 기획하였다. 그리고 이 기념일이 속해 있는 해에 칸톤(Kanton) 아르가우(Aargau)와 취리히(Zürich)의 복음적-개혁주의 국가교회들(Evangelisch-reformierten Landeskirchen)은 불링거가 44년 동안 목사로서 활동했던 취리히의 그로스뮌스터 교회에서 전시회 및 아르가우에서 이동전람회, 그 밖에 여러 기념전들을 통하여 쯔빙글리 후계자의 진가를 우리에게 확인시켜 줄 것이다. 이러한 목적은 스위스와 유럽 안에서 종교개혁의 공고함을 위해 실제적으로 기여한 그 위대한 2세대 종교개혁자를 많은 대중들에게 쉽게 접근시킬 수 있도록 하기 위함이다. 여기에 놓여진 하인리히 불링거의 전기는 이 행사들을 보충하고자 준비된 것이다. 종교개혁사에 대해 흥미를 가지고 있는 독자들에게 하인리히 불링거를 간결하면서도 풍부한 그림 자료들이 담겨 있는 내용으로 소개하려는 의도를 가지고 있다.

나는 취리히 대학교 신학부의 스위스 종교개혁 연구소와 특별히 에미디오 캄피(Emidio Campi) 교수의 학문적인 조언에 감사하고 싶다. 프리츠 뷔셔(Fritz Büsser) 교수로부터 아직 출판되지 않는 글을 사용할 수 있도록 허락을 받았다. 역사학자인 베티나 쉐퍼(Bettina Schäfer)와 신학박사인 미카엘 바우만(Michael Baumann)은 원고를 수정해 주었다. 이 분들에게도 감사를 드린다. 나는 취리히 신학 출판사와 불링거에 관한 간결하면서도 그림 자료들이 수록된 전기의 출판이 가능하도록 만들어 준 편집자인 니콜라우스 페터(Niklaus Peter) 박사의 기획과 그의 도움에도 감사하지 않을 수 없다. 마리안네 수타우프아셔(Marianne Stauffacher)가 원고교정을 책임졌으며, 랄프 바인가르텐(Ralph Weingarten)은 그림 자료들을 활용할 수 있도록 큰 도움을 주었다. 칸톤 취리히와 아르가우의 복음적-개혁주의 국가교회들은 출판을 가능하도록 힘썼다. 이 모든 분들과 교회들에게도 감사의 마음을 전한다.

아르가우 2004년 7월
파트릭 뮐러

역자 서문

 이 짧은 전기를 통해 아직까지 한국 교회 안에서 낯선 인물인 취리히 종교개혁자 하인리히 불링거(Heinrich Bullinger)를 소개하는 것은 의미 있을 것이다. 16세기 종교개혁의 지평을 넓히는 것뿐만 아니라, 또한 쯔빙글리 사후의 취리히 종교개혁을 이해하는데 크게 도움이 될 수 있기 때문이다. 무엇보다도, 불링거가 누구인가를 아는데 큰 유익을 얻을 수 있다는 것은 당연하다. 그의 생애를 잔잔하면서도 감동적으로 그려보는데 아무런 문제가 없다. 이미 저자 서문에 밝혀져 있는 것처럼 이 짧은 전기문은 불링거 탄생 500주년을 기념하여 기획된 것이다. 모든 사람들이 어떤 부담감도 없이 불링거에게 다가서는데 도움을 주기 위해서 다양한 그림 자료들과 함께 핵심적이지만, 그러나 종교개혁자로서 불링거의 생애와 사역을 전체적으로 쉽게 이해할 수 있도록 쓰여 졌다. 이 때문에 이 불링거 전기는 그 인물에 대한 아무런 사전 지식이 없는 사람들을 위해서도 매우 유용하다. 그리고 종교개혁에 관심이 있는 사람들에게는 이제까지 한국에 알려지지 않았던 인물을 어렵지 않게 소개받는 기쁨이 있을 것이다. 바로 이러한 이유 때문에, 불링거에 관한 더 깊이 있는 내용들이 담긴 다른 몇몇 전기들이 있지만, 이 짧은 전기가 가장 먼저 한국에 소개되길 원했다.

여기에 놓인 불링거의 전기 안에는 한국 독자들의 이해를 위해서 본래 그림 자료들보다도 더 많은 그림 자료들이 첨부되었다. 취리히 종교개혁이 더 쉽고 풍성하게 이해될 수 있도록 제안된 것이다. 그리고 독일어 문장을 한국어로 번역할 때 표현하기 힘든 것들과 한국 독자들이 종교개혁 당시의 낯선 역사적인 내용을 읽을 때 겪는 어려움을 줄이기 위해서 몇몇 부분들은 역자의 재량에 따라서 내용추가와 함께 의역되었음을 밝힌다. 이 짧은 전기를 출판할 수 있도록 도움을 주신 모든 분들과 특별히 합동신학대학원대학교 출판부 담당자님들께 진심으로 감사드린다.

수원 2015년 9월 9일
박상봉

격랑의 시간들

1531년 11월 21일

새벽 미명에 네 명의 남자들이 취리히 성문을 애타게 두들기며 망명을 요청하였다. 그들은 안개 자욱한 깊은 밤중에 가족들을 거의 내팽개쳐야 할 정도로 황급히 도망쳐 올 수 밖에 없었다. 생명의 위협을 받는 급박한 상황에 내몰려 있었기 때문이다. 네 사람 모두는 목사들이었다. 쯔빙글리(Zwingli)와 종교개혁의 교훈을 따른 것 때문에 이단자들로 정죄되어 파문당한 사람들이었다. 그리고 쯔빙글리는 이미 죽었으며, 그와 함께 전쟁에 참여한 병사들은 취리히 외각 지역인 카펠(Kappel) 근교에서 다섯 삼림주(森林州)들의 연합군대에 의해 패배를 당했다.

네 망명자들은 취리히에서 별다른 경계심 없이 받아들여졌다. 사실, 그들은 전혀 낯선 사람들은 아니었다. 한 동료는 그 목사들에게 취리히에서 살 수 있는 시민권을 보증해 주었다.

이틀 후에 네 목사들 중에서 가장 나이가 어린 하인리히 불링거는 쯔빙글리가 사역했던 림마트(Limmat) 강이 취리히 호수와 만나는 지점의 언덕에 위치한 그로스뮌스터(Grossmünster) 교회에서 설교하도록 초청을 받았다. 예배에 참석한 신자들은 용기를 잃고 두려움에 떨고 있을 망명자를 떠올리고 있었다. 하지만 그들은 젊은 목사로부터 매우 감동적인 신앙의 교훈을 들을 수 있었다. 불링거는 모든 청중들에게 무덤에 있는 쯔빙글리가 곧바로 불사조가 되어 다시 살아난 것처럼 생각이 들게 할 정도로 감명 깊은 설교를 담대하게 선포하였다.

1531년 12월 9일

취리히의 상·하 위원회는 쯔빙글리의 사역을 뒤이어 감당할 후계자를 선출하기 위해 소집되었다. 그 후계자는 그로스뮌스터 교회의 수석 목사(취리히 교회의 총회 의장)로서 취리히 국민들을 위한 종교적인 지도자가 될 뿐만 아니라, 또한 취리히 교회를 이끌고 가야 한다. 즉, 취리히 종교개혁과 쯔빙글리의 사역을 완수해야 해야 할 의

1531년 카펠 전쟁

무를 떠안는 것이다.
  취리히 위원회는 짧지 않은 회의 끝에 만장일치로 젊은 망명자인 하인리히 불링거를 쯔빙글리의 후계자로 선출하였다. 불링거는 겨우 스물일곱 살로 쯔빙글리보다 스무 살이나 어렸으며, 더욱이 취리히에서 출생하지도 않았다. 이 뿐만 아니라, 그가 목사이기는 하였지만, 오랜 경륜을 가진 신학자이거나 취리히에서 정치적인 영향력을 가진 인물도 아니었다.

취리히에서 활동하는 모든 목사들은 그곳의 위원회 앞으로 부름을 받았다. 취리히 위원회의 의장인 하인리히 발더(Heinrich Walder)는 그들에게 두 가지 중요한 소식을 전달했다: 먼저, 취리히 교회를 책임질 수석 목사로 하인리히 불링거가 확정되었다는 것이다. 다음으로, 모든 목사들은 로마 카톨릭 교회를 지지하는 다섯 삼림주들과 전쟁에서 패배한 취리히 사이에 맺은 계약인 '마일렌 협정서(Meilener Verkommnis)'에 명시되어 있는 네 가지 조항들을 반드시 준수해야 한다는 것이다. 취리히 위원회는 그 협정서를 승인하면서 목사들로부터 명시된 조항들이 충실하게 지켜질 수 있도록 요구한 것이다.

그리고 이와 관련하여 취리히 위원회의 의장은 다음과 같은 내용을 낭독하였다: *"네 번째로 우리는 취리히에서 오직 평화와 안정 그리고 화평을 위해 노력하는 설교자(목사)들만 활동하기를 기대하며, 이렇게 될 수 있도록 하는 것이 우리에게 맡겨진 책임이기도 하다. 목사들은 불경건하거나 악의적이며 그리고 다른 사람의 명예를 손상시키는 비방과 함께 어느 누구도 정죄할 수 없고, 오히려 오직 하나님의 말씀과 진리를 신구약 성경에 근거하여 기독교적이며 사랑으로 선포하는 일에 모든 수고를 아끼지 않아야 한다."*

취리히 목사들에게 쯔빙글리의 활동 때처럼 정부(국가)를 향하여 권리를 행사하는 세속적인 용무들에 관여하는 것이 더 이상 허락되지 않았다. 모든 세속에 관한 일들은 오직 정부에 의해서만 수행될 수 있도록 새롭게 조치된 것이다.

취리히 위원회의 요구사항들은 표면적으로 모든 목사들로부터 수용된 것처럼 보였다. 그래서 제2차 카펠 전쟁의 승리자들은 취리히 정부와 국민들로 하여금 종교적이고, 정치적인 평화를 위한 모든 조건들을 지키도록 거듭 강조하였다. 그 밖에 취리히 위원회는 무엇보다도 목사들에 의하여 (그리고 특별히 쯔빙글리에 의하여 수행되었던) 종교개혁자들에게 뿐만 아니라, 또한 개신교 동맹지역의 정치 지도자들에게도 품위가 손상되는 그 명예스럽지 못한 전쟁이 다시는 주도될 수 없도록 하였다.

취리히 교회의 수석 목사로 청빙된 것은 의심할 여지가 없이 불링거 자신의 인생에 있어서 매우 중요한 기회였다. 교회 사역의 경험도 짧고, 취리히에서 섬기는 교회도 없었던 낯선 이름의 목사이자 고향까지 잃어버린 망명자였던 그 젊은 목사에게 스위스 연방에서 가장 중요한 개혁주의 교회의 목회적인 직무가 주어진 것이다. 불링거는 고향을 등지고 도망쳐 온지 18일 만에 낯선 이름의 이방인에서 취리히 종교개혁의 책임자이자 인도자가 되었다. 그러나 불링거는 분명히 그 사역에 가장 적합한 인물이었다.

불링거가 취리히 교회의 수석 목사로 취임함과 동시에 가장 먼저 해결해야 할 문제가 눈앞에 놓여 있었다: 취리히 위원회의 의장이 선언한 '세속적인 용무에 대해 목사들이 참여할 수 없다'는 네 번째 조항이 분명하게 의미하는 것은 무엇인가? 취리히의 목사들은 침묵으로 일관하며 이 사안을 아무런 논의없이 수용해야 하는가? 이 문제와 관련하여 모든 목사들이 이미 표면적으로 동의했음에도 불구하고, 불링거는 취리히 정부에 심사숙고할 수 있는 얼마간의 시간을 요청할 수밖에 없었다.

1531년 12월 13일

취리히 교회의 목회자들은 새롭게 위원회에 앞에 나갔다. 그리고 그들의 대표인 불링거가 다음과 같은 입장을 조심스럽게 밝혔다: *"당연히, 우리는 하나님의 말씀을 평화롭게 설교하길 원합니다. 우리는 오직 성경을 해석하고, 세속정치에 참여하지 않는 것에 동의하며, 또한 정부의 업무들에도 간섭하지 않을 것입니다. 하지만 하나님이 우리에게 말씀하시는 것과 성경 안에 구체적으로 기록된 내용들을 설교할 수 없다는 것은 우리가 받아들일 수 없으며, 그렇게 되는 것 역시도 원치 않습니다. 우리가 성경에 근거하여 (정부 혹은 위정자의 악행에 대하여) 책망하거나 권면하는 것이 금지되지 않기를 당신들에게 정중히*

요청합니다. 만약, 우리의 행위가 불의할 경우에 우리는 당신들이 내리는 처벌을 기꺼이 받을 것입니다."

불링거는 목사들이 더 이상 정부의 세속적인 용무에 참여하지 않겠다는 것을 약속하였다. 이와 동시에 정치 지도자들의 행위가 성경에 근거하여 판단 받을 수 있어야 하며, 더욱이 필요한 경우에는 설교를 통해서 그들의 잘못된 행위들이 비판 받을 수 있도록 요구하였다. 그 밖에 성경이 부도덕, 무신론 그리고 신성모독을 분명하게 언급하고 있다면, 어떻게 설교자들이 그 사안들에 대해 선포하는 것을 포기할 수 있겠는가? 취리히 목사들은 사랑이 없는 정죄의 위험성과 간혹 자신들의 사역적인 위치를 망각할 수 있는 인간적인 연약함을 분명하게 인식하고 있었다. 그럼에도 불구하고 설교의 자유와 독립성이 제한되는 것을 대충 넘길 수도 없었다.

불링거는 자신의 답변 속에서 교회 사역에 관한 자신의 개인적인 관심사를 드러내지 않은 양심적이고 용기 있는 목사로 자신을 드러냈다. 많은 교회정치적인 질문들에 관한 직접적인 분별력과 교회와 정부 사이의 권력관계를 지혜롭게 밝히면서 자신의 생각을 논리적으로 표현하는 능력도 깊이 새겨지도록 하였다. 하지만 불링거가 무엇보다도 중요하게 생각한 것은 쯔빙글리에 의해서 시작된 결코 쉽지 않는 종교개혁의 유산을 계승하는 일이었다. 이 의무는 어떤 장애물도 없이 수행할 수 있는 단순한 사역이 아닐 뿐만 아니라, 그렇다고 합당한 보상이 지불되는 사역도 아니었다.

결과적으로, 취리히 위원회는 목사들의 요청에 대해 동의를 표시하면서 불링거의 용기에도 칭찬을 아끼지 않았다. 취리히 교회의 수석 목사로서 불링거의 입지가 확고히 세워졌으며, 목사들의 설교의 자유와 독립성도 보장된 것이다. 이러한 결과와 함께 스물일곱 살의 도망자는 취리히 교회와 정부 사이의 신임(新任)에 관한 불안감을 극복할 수 있었다. 그리고 취리히 교회를 대표하는 총회 의장이자 설교자로서 앞으로 수십 년 동안 이루어질 성공적인 수행을 위한 주춧돌을 안전하게 놓았다.

취리히를 향해 온 젊은 망명자이자 쯔빙글리에 의해 처음 수행되었던 '취리히 종교개혁'을 계승하고, 안정시켰으며 그리고 완성시킨 하인리히 불링거는 어떤 인물인가?

사랑받은 아들

취리히 서쪽으로부터 사십 리 정도 떨어진 곳이며, 로이스(Reuss) 강이 굽이쳐 흐르는 지점에 오늘날 칸톤 아르가우(Kanton Aargau)에 속한 작은 도시 브렘가르텐(Bremgarten)이 위치해 있다. 16세기 초에 800명의 주

브렘가르텐 전경

민들이 살았던 그 도시는 프라이암트(Freiamt) 지방에 속해 있었다. 비록 8개 스위스 연방 지역들의 통치권 아래 놓여 있긴 하였지만, 그럼에도 불구하고 광범위한 자유로운 권리를 누릴 수 있었다. 그리고 브렘가르텐은 당시 강력한 군사적인 교두보들 중에 한 장소이자 스위스 내륙의 중요한 상업지역들 중에 한 곳이기도 하였다.

하인리히 불링거는 1504년 7월 18일에 이 브렘가르텐에서 태어났다. 그가 태어난 집은 지금까지도 현존하고

있다. 하인리히 불링거의 할아버지는 '야생 거인'의 집을 이미 50년 전에 구입했었다. 이 때문에 가문의 문양 역시 야생 거인이었다. 불링거의 집안은 브렘가르텐에서 전통과 명망 있는 가문에 속해 있었다. 불링거의 아버지인 장자 하인리히 불링거(Heinrich Bullinger der Ältere)는 독일에서 신학을 공부하고, 1493년에 로마 카톨릭 교회의 사제로 임명되었다. 그는 같은 해에 브렘가르텐에 있는 미카엘

야생거인 문양

교회의 성직임명을 받았는데, 이곳에서 미사를 인도하며 오르간을 연주하는 직무를 수행하는 보좌신부(Kaplan)로 활동하였다. 그리고 이후 몇 해 동안 장자 불링거는 콘스탄츠(Konstanz), 아르본(Arbon), 슈비쯔(Schwyz) 그리고 베덴스빌(Wädenswil)에서 사역하기도 했다. 그 이유는 그의 흥미로운 가정사와 관련이 있는 것으로 여겨진다: 장자 불링거는 사제의 신분으로 안나 비더케어(Anna Wiederkehr)를 사랑하고 있었다. 그리고 그는 늦어도 1495년부터 내연관계로 맺어있던 그녀와 가정을 이루며 살았다. 이 사실은 이미 비밀스러운 일이 아니었다. 오히려, 오랫동안 공개적으로 지속되어 온 것이었다. 하지만 이러한 행실은 장자 불링거로 하여금 사제로서 순결서약을 파기할 수 밖에 없도록 만들었다. 이 뿐만 아니라, 브

렘가르텐에서 명망 있는 가문으로 알려져 있는 안나의 가족으로부터도 극심한 노여움을 불러일으켰다. 그녀의 아버지는 물레방아간 소유주이자 그 도시의 시장이었다. 장자 불링거는 자신의 가정이 안정될 때까지 여러 사람들의 불편한 시선을 피해서 여러 지역들을 옮겨 다닌 것이다.

안나 비더케어는 확실히 용기 있고 자의식이 강한 여인이었다. 그녀는 장자 하인리히 불링거를 진심으로 존경하고 사랑하였다. 그렇지 않았다면 둘 사이의 관계는 결코 유지될 수 없었을 것이다. 이 때문에 그녀는 가족들로부터 경멸을 당하며 쫓겨났으며, 몇 년 동안 자신의 고향과 가족으로부터 떠나있어야만 했다. 더욱이, 그녀는 부정적인 의미로써 '사제의 연인'이라는 세간의 따가운 이목을 피할 수도 없었다.

불링거의 어머니

《불링거의 족보》 안에서 아들 하인리히는 어렸을 때 종종 들었던 아버지와 어머니의 관계를 다음과 같은 기록으로 남겼다: *"아버지는 어머니인 안나 비더케어를 처음*

부터 자신의 혼인한 아내로서 받아들였으며, 그리고 그녀는 부부관계의 신뢰 속에서 서약을 한 것이다." 이렇게 볼 때, 두 사람의 동거는 우연적이거나 무책임한 관계 속에서 발생한 것이 아니었다. 두 당사자로부터 자발적으로 받아들여진 의지적인 결정이었다. 하지만 로마 카톨릭 교회의 사제에게 혼인은 금지되어 있었다. 그럼에도 불구하고 그 내연관계는 처벌되지 않았을 뿐만 아니라, 또한 장자 하인리히 불링거의 경력에도 큰 영향을 미치지 않았다. 매우 흥미롭게도, 그의 가정이 지속적인 비방거리로 사람들의 기억 속에 오래 남아있지 않았기 때문이다.

불링거의 아버지

불링거의 가족 구성원에는 다섯 명의 아들들이 속해 있었다. 그 중에서 하인리히는 가장 막내였다. 그의 출생 이후에 곧바로 자신의 아버지는 브렘가르텐의 교구사제가 되었고, 1514년에는 주임사제가 되었다. 그의 집은 항상 외부 사람들에게 개방되어 있었다. 이 때문에 언제나 많은 손님들이 들끓었다. 그의 아버지는 자신의 사제직무

사랑받은 아들 | 23

이외에 특별히 사냥하는 것에도 관심이 많았다. 실제로 사냥매와 사냥개를 소유하고 있었다. 그의 어머니는 가정과 손님들을 위해 헌신하는 것과 함께 도시의 가난한 사람들과 병든 사람들을 돌보는 일에도 열심이었다.

16세기 브렘가르텐 교회

이러한 집안 분위기 속에서 어린 하인리히는 사랑받고, 보호받으며 그리고 정서적으로 안정감 있게 성장하였다. 그럼에도 불구하고 불링거는 자신의 일기장에 그가 어린 아이었을 때 두 번씩이나 죽음의 고비를 겨우 넘겼다는 진술도 확인시켜 주고 있다. 한번은 흑사병(Pest) 때문이었고, 다른 한번은 목을 다쳐서 너무도 많은 출혈을 하게 된 사고 때문이었다. 이때 많은 사람들에게 불링거가 더 이상 살 수 없을 것처럼 생각이 들게 할 정도로 심각하였다고 한다. 아마도, 이러한 경험들이 그에게 삶의 중요한 방향성을 결정하도록 하는 신앙적인 깨달음과 가치를 매개하였을 수 있다. 왜냐하면 시간의 흐름 속에서 하인리히 불링거는 자신의 모든 저술들뿐만 아니라, 자신의 일기장에도 마태복음 17장 5절을 삶의 좌우명(座右銘)으로 삼고 일생을 통해서 확인시켜주기 때문이다: *"이는 내 사랑하는 아들이요 내 기뻐하는 자니 너희는 그의 말을 들으라."* 이 성경 구절은 '그로부터 너희가 들어야 하며, 또 그에게 너희가 속해야 한다'는 두 가지 명제를 제시한다. 하나님이 기뻐하시고 사랑하시는 독생자이신 예수 그리스도의 말씀을 듣고, 그분에 대한 믿음을 갖는 것이 인생에 있어서 가장 중요하다는 사실을 나타낸 것이다.

이렇게 볼 때, 우리가 잊지 않아야 할 것은 불링거 역시 분명히 하나님으로부터 사랑 받았던 자녀였을 뿐만 아니라, 또한 그의 부모로부터도 사랑 받았던 아들이었다는 사실이다.

학업의 과정

하인리히 불링거가 1509년 3월 12일에 브렘가르텐에 있는 초등 라틴어 학교에 입학했을 때 아직 다섯 살이 채 되지 않았다. 이곳에서 그는 라틴어를 읽고, 쓰며 그리고 말하는 것을 배웠다. 자유 시간에는 다른 학우들과 자발적으로 라틴어로 대화를 하며 보냈다. 당시 라틴어 학교는 매우 권위적인 엄한 규율, 암기식 학습, 체벌과 감시 아래서 운영되었다. 어린 불링거는 이 학교에서 논리적인 생각과 분명한 표현방식을 배웠다. 이 과정을 통하여 라틴어는 평생 동안 저술들과 서신들을 위해 사용하였던 자신의 두 번째 언어가 되었다. 그리고 그는 다른 학생들과 마찬가지로 성가합창 수업에 참여해야 했을 뿐만 아니라, 또한 주일에는 규칙적으로 교회에서 봉사를 수행해야만 했다.

16세기 엠머리히

1516년 가을에 열두 살이었던 불링거는 니더하인의 엠머리히(Emmerich am Niederrhein)에 있는 성 마르틴(St. Martin) 라틴어 학교에서 자신의 공부를 지속시키기 위해 고향 브렘가르텐을 떠났다.

이곳에서는 이미 불링거보다 여덟 살이 많은 형이 공부를 하고 있었다. 그 학교는 당시 사람들에게 대단히 좋은 평판을 지니고 있었다. 매우 실력 있는 교사들이 영입되었으며, 그들을 채용할 수 있는 재정적인 지원은 학교가 속해 있는 도시로부터 이루어졌다. 학교수업은 인문주의 영향 아래서 새롭게 진행되었는데, 과거와 비교해서 많은 변화들이 주어졌다. 라틴어의 문법수업 이외에도 새롭게 히에로니무스(Hieronimus) 같은 교부들과 키케로(Cicero), 호라쯔(Horaz), 버질(Vergil) 등이 쓴 고전들의 본문들이 읽혀졌다. 그 밖에 논리학과 그리스어 기초가 수업과목으로 진행되었다.

성 마르틴 학교 역시 매우 엄격한 규율 아래서 운영되었다. 교장과 교사들에게 학생들의 일상을 감독하는 임무가 주어졌는데, 그 실례로 쉬는 시간에 이루어지는 식사 때뿐만 아니라, 또한 방과 후

토마스 아 켐피스 초상화

의 기숙사 생활에서나 자유시간에서도 철저한 감독이 이루어졌다. 그 학교는 불링거에게 많은 근본적인 것들을 일깨워준 경건한 신앙정신에 근거하여 운영되었다. 특별히, 기숙사 안에서 이루어진 '형제들의 공동체 생활'은 토마스 아 켐피스(Thomas a Kempis)의 저술 《그리스도를 본 받아서》에 기초하여 수준 높은 윤리의식, 규칙적인 성경 읽기와 개인 신앙에 유익을 주는 성경 본문의 이해에 대한 가르침을 제공해 주었다. 이러한 근대 경건(Devotio Morderna)* 의 방식들은 근

《그리스도를 본받아서》 표지

---

* 근대 경건은 중세 말의 대표적인 경건운동으로 처음 1381년 화란의 데벤터(Deventer)에서 게에르트 그로테(Geert Groote, 1340-1384)에게서 시작되었다. 이것의 목적은 그리스도를 따르면서 하나님의 뜻에 부합한 덕스러운 삶을 살도록 인간의 의지를 새롭게 하는데 있었다. 근대 경건은 루터뿐만 아니라 다른 종교개혁자들에게도 많은 영향을 미친 것으로 알려져 있다.

본적으로 이미 퇴임한 교장이었던 알렉산더 헤기우스(Alexander Hegius)에 의해서 늘 강조된 것이었다: *"교육이 경건을 잃어버리면, 모든 것들이 타락하게 된다."* 비록 하인리히가 숙식 문제를 학생 기숙사가 아니라, 개인적으로 해결하였다고 해도, 이 '형제들의 공동체 생활'의 경건이 그에게 깊은 감명을 준 것이 사실이다. 이 영향 때문에 그는 이곳에서 학업을 마친 이후에 카르토이스 수도회(Kartäuserorden)*에 가입하는 것을 진지하게 고민하기도 하였다.

이 당시에 불링거의 삶과 관련하여 다음과 같은 생활상은 여전히 언급할 가치가 있을 것이다: 열두 살인 불링거에게 그의 아버지는 3년 동안의 학교생활을 위해서 33굴덴을 지불했다. 이 금액은 수업료, 숙식 그리고 의복을 위해서 충분한 것이었다. 그럼에도 불구하고 그의 아버지는 어린 불링거로 하여금 많은 사람들이 오가는 길 위에서 성가를 부르며 구걸하는 것을 통해 매일의 빵을 해결할 수 있기를 권면했다. 아버지가 아들을 돌보지 않은 것이 아니다. 불링거가 일기장에 기록하고 있는 것처럼, 오히려 *"나로 하여금 이후에 나의 평생의 삶 동안 가난한 사람들에게 긍휼을 베풀며 살도록 하기 위해서, 이러한 방식으로 구걸하는 사람들의 불행한 처지를 내 자신의 직*

---

* 카르토이스 수도회는 1084년 쾰른의 성 브루노(St. Bruno)에 의해 설립되었으며, 남자 수도회와 여자 수도회를 모두 갖추고 있었다. 그리고 성 베네딕트(St. Benedictus) 규율 대신에 자체적인 규율을 가지고 있었으며 은둔적인 삶을 지향했다.

접적인 경험을 통해서 알기를 아버지가 원하셨기 때문이었다."

하인리히 불링거는 엠머리히 라틴어 학교를 졸업하고 먼저 짧은 일정으로 고향을 잠깐 방문하였다. 그리고 1519년 여름에는 쾰른(Köln)으로 거처를 옮겼다. 그 당시 독일의 로마로 불리었던 쾰른은 경제적, 정치적, 사상적 그리고 종교적인 중심지였다. 특별히, 이곳은 동방박사 세 사람들과 성녀 우르술라(Ursula)을 위한 11,000의 처녀 순교자들의 숭배지로 유명하였다. 이 뿐만 아니라, 11개 종교재단들을 소유하고 있는 대주교관, 19개 교구

교회들, 100개 예배당들, 22개 수도원들, 12개 양로원들, 76개 종교조합들과 셀 수 없는 성유물들로도 유명한 곳이었다. 앞서 언급되었던, 카르토이스 수도회의 창설자인 브루노 역시도 쾰른에서 태어난 사람이다. 그래서 이 도시의 카르토이스 수도회는 많은 사람들에게 매우 잘 알려져 있었다.

그리고 쾰른 대학교는 매우 유서 깊은 학문의 전당이었다. 이곳에서 이미 알버투스 마그누스(Abertus Magnus), 토마스 아퀴나스(Thomas von Aquin), 요한네스 둔스 스코투스(Johnnes Duns Scotus), 마이스터

16세기 독일의 로마였던 쾰른

에크하르트(Meister Eckhart) 같은 인물들이 학문을 연마하였다. 16세기 초에 쾰른 대학교는 네 개 학부(신학, 법학, 의학, 예술)로 구성된 독일어권 지역의 명문학교로 알려져 있었다.

이러한 학문적인 조건들이 어린 불링거를 쾰른으로 새로운 걸음을 옮기도록 완전히 설득한 것이었다. 그는 1519년 9월 12일에 일곱 개 자유 예술학문들(문법, 수사, 논리, 산술, 기하, 음악, 천문)로 구성되어 있는 예술학부에 등록하였다. 이곳은 다른 세 학부들 중의 한 곳에서 더 깊은 학문을 하기 위한 기본 과정이라고 할 수 있다. (실제로, 오늘날 인문계 대학교의 교양학과(부) 교육과 비교될 수 있을 것이다.) 불링거는 예술학부에 있는 학생 기숙사가 딸린 네 건물들 중의 한 곳에 입소해야만 했다. 그는 뛰어난 스콜라주의적인 교육을 받을 수 있는 광산 기숙사(Montanerburse)를 선택하였다. 페트루스 히스판누스(Petrus Hispanus)의 논리학에 관한 논술, 토마스 아퀴나스의 문장해설 그리고 아리스토텔레스(Aristoteles)의 고전 읽기가 이곳의 교과내용에 속해 있었다. 매우 전형적인 스콜라주의 교육을 받을 수 있는 곳이었다. 사실, 불링거는 신학을 전공하지는 않았지만, 그러나 중세 시대의 로마 카톨릭 신학이 전제되어 있는 철학을 통해서 신학적인 지식을 충분히 이해할 수 있을 정도로 배웠다. 아직 18세가 되기 이전인 1522년 초에 불링거는 석사 시험에 합격하였다.

내면의 길

거의 성년에 들어선 하인리히가 자신의 학업과정 동안 형성한 내면의 길(Innerer Weg) 역시도 역동성이 넘쳤다. 1519년 여름 열다섯 살이 된 이 젊은이는 '근대 경건'으로부터 깊은 감화를 받았다. 더욱이, 그 경건 운동의 실천적인 삶을 위해서 수도사가 될 목적으로도 쾰른에 온 것이 사실이다. 이곳에서 불링거는 중세의 토마스주의(토마스 아퀴나스) 신학을 공부할 수 있었을 뿐만 아니라, 또한 그의 두 스승들인 마티아스 프리세미우스(Mattias Frissemius)와 아놀드 폰 할더렌(Arnold von Halderen)을 통해서도 인문주의(Humanismus)의 깊이를 경험할 수 있었다. 독일 (성경적인) 인문주의의 두 가지 주요한 목적은 먼저 방법적인 관심으로 수사학에 대해 집중했으며, 그리고 내용적인 관심으로 전통적이고 기독교적인 고전들을 배우는 것이었다. 그 당시 대표적인 인문주의자였던 로테르담 폰 에라스무스(Erasmus von Rotterdam)는 자신의 저서들을 통하여 이 젊은 학생에게 매우 깊은 감명

에라스무스 초상화(1523)

을 주었다.

하인리히는 인문주의자들에게서 교부들을 새롭게 평가하는 것을 배웠고, 고전적인 저술들의 원문들과 성경 본문들을 다루는 방식을 이해하였으며, 그리고 변증학과 수사학에 근거한 본문해석적인 주석방식을 습득하였다. 이러한 배움은 새로운 영적인 감화와 동시대의 경건을 향한 시도와 깊이 연관된 것이었다. 그는 오랜 동안 인문주의와 함께 특별히 에라스무스의 가치를 높게 평가했다.

이와 관련하여, 하인리히 불링거의 관심은 종교개혁과 자연스럽게 마틴 루터(Martin Luther)에게까지 뻗어갔다. 그는 오랜 숙고로부터 정리된 '내면의 길'에 대해서 구체적으로 일기장에 기록하고 있다. 불링거는 1520년 한 시점에서 루터의 가르침이 옳은지 아니면 교황의 가르침이 옳은지 평가할 수 없다고 규정한 바가 있었다. 이 때문에 그는 먼저 교황의 가르침을 경험한 사람들에게 도움을 청하였는데, 그들로부터 로마 카톨릭 교회 안에서 매우 중요하게 여겨지고 있는 교리서들 중에 하나인 '페트루스 롬바르두스(Petrus Lombardus)의 명제론'을 추천받았다. 그리고 하인리히는 교회론과 교회법에 관한 다양한 저서들을 읽을 때, 그 저자들이 얼마나 빈번히 자신의 저술들 안에서 교부들을 논증의 증거로 인용하고 있는가에 대해서도 관심을 가졌다. 이때 불링거는 대표적으로 암부로시우스(Ambrosius), 오리겐네스(Origenes) 그리고 아우구스틴누스(Augustinus)의 저서들을 매우 심도 있게 살폈다. 이러한 과정 속에서 그는 루터의 새로운 저서들을 진지한 열의로 연구하게 된 것이다. 그리고 구원의 진리를 선명하게 기록한 신약성경도 함께 읽으며 앞으로 걸어야 할 삶의 길에 대해서 깊은 생각을 하였다.

이러한 열심을 통하여, 불링거는 *"하나님의 구원이 오직 예수 그리스도를 통해서 왔다는 것을 깨달았으며, 동시에 나는 교황주의자들에게서 미신적일 뿐만 아니라, 또한 하나님이 없는 가르침을 받았다는 것도 알게 되었다"* 는 인식에까지 이를 수 있었다. 이때로부터 그는 로마 카톨릭 교회의 미사를 완전히 거부했다. 그리고 수도사가 되겠다는 매우 오랫동안 품고 있었던 자신의 계획도 포기하였다. 젊은 학도였던 불링거는 중요한 문헌들의 연구들을 통해서 자신의 생각을 정립했다. 이와 함께 그는 특별히 평생 자신이 추구해야 할 고유한 신앙의 길을 선택하게 되었다.

1523년 11월 30일에 불링거는 《성경 연구에 관하여》라는 제목의 짧은 서신에서 배움과 연구를 통해서 자신이 새롭게 깨달은 신학적인 이해를 밝혔는데, 즉 로마 카톨릭 교회의 신학과 전통을 분명하게 거절한 내용이다: *"하나님의 말씀은 그 자체로 스스로 해석이 되며, 그리고 예수 그리스도에 대한 지식으로 이끈다. 이 진술은 기독교적인 믿음을 위해 필요한 모든 내용을 포함하고 있다. 이 때문에 기독교 교훈의 척도인 하나님의 말씀에 붙잡혀 있어야 한다. 교부들과 스콜라주의자들의 구두적인 전통과*

교훈을 통한 보충은 거절되어야 한다."

 1522년에 자유 예술학부의 석사 학위를 받은 하인리히 불링거는 쾰른을 떠났다. 그는 종교개혁을 받아들인 개신교 인문주의자로서 고향에 돌아왔다. 그는 신학에 대한 기본 지식을 가지고 있었지만, 그러나 전공하지는 않았다. 이 사실은 불링거가 자신의 신학적인 개념을 설명할 때 때때로 눈에 띄는 독특한 특징을 드러냈다. 즉, 교회의 질문들과 인간적인 문제들을 신학적으로 고려하면서도, 동시에 그것들의 모든 조화 속에서 합리적인 결정을 내리는데 도움을 주었다. 이와 함께 불링거는 합리적이고 설득력 있는 해결점을 찾게 해주는 실용주의자로서도 널리 알려지게 되었다. 이러한 특성은 시간의 흐름 속에서 불링거를 매우 귀한 평가를 받는 설교자와 목회자로 만들어 준 중요한 요인으로 작용했다.

카펠(Kappel)에서 수도원 교사

하인리히 불링거는 1522년 4월에 5년간의 긴 외국생활을 끝마치고 고향 브렘가르텐으로 돌아왔다. 많은 사람들로부터 열렬한 환대도 받았다. 하지만 이 풍경은 결코 자연스러운 것은 아니었다. 아들이 완전히 로마 카톨릭 교회의 전통으로부터 등을 돌리고 《미사의 악습에 관하여》, 《수도사의 서원에 관하여》 등에 관한 루터의 저술들을 공부하는 동안에도 어떠하든지 아버지는 사제의 신분이었기 때문이다. 그가 더 이상 수도사가 되기를 원치 않았음에도 불구하고, 그러나 그 당시 아직까지 스위스에는 로마 카톨릭 교회 이외에 공식적으로 종교개혁의 사상을 추구하는 교회가 세워지지 않았다. 그럼 불링거는 어떻게 하였을까?

이러한 현실적인 상황 속에서 1523년 1월 초에

카펠 수도원

알비스의 카펠(Kappel am Albis)에 위치한 시토회(Zisterzienser) 수도원*의 원장인 볼프강 요너(Wolfgang Joner)가 불링거에게 수도원 학교의 교사직을 제안하였다. 요너는 인문주의의 영향을 받은 인물로서 수도원의 새로운 변화를 갈망하고 있었다. 카펠은 브렘가르텐 교구에 속해 있으며, 그 도시로부터 멀지 않는 곳에 위치해 있었다. 하인리히는 스스로 미사와 성가 기도회에 참여하지 않아도 된다는 조건 아래서 요너의 요구를 기꺼이 수락할 수 있다는 것을 밝혔다. 즉, 수도사의 모든 의무로부터 자유롭게 벗어난 종교개혁 사상을 가진 교사로 활동할 수 있기를 기대한 것이다. 18세 청년과 나이든 수도원 원장은 단번에 서로의 입장을 존중하였다: 한 사람은 이미 수도원 안에서 오랫동안 가르치고 살아온 인물로, 그리고 다른 한 사람은 개혁적인 사고를 가진 젊은 교사로 평가하면서 서로를 인정한 것이다.

불링거는 곧바로 자신의 지식들과 확신들을 학생들에게 전달하였다. 그는 오후에 네 시간 동안 문법, 수사학 그리고 변증학(논리학)을 가르쳤다. 이 카펠 수도원의 라틴어 학교에서는 당연히 인문주의 원리에 따라서 에라스

---

* 베네딕트 수도사의 일부가 성 베네딕트 수도원 규칙을 보다도 엄격하게 따르기 위한 목적으로 1098년 시토에 수도원을 건립한 것이 유래가 되었다. 시토회 수도원의 역점은 수작업과 자급자족이며, 이 때문에 유럽 전역에 흩어져 있는 많은 시토회 소속 수도원들은 전통적으로 농업이나 맥주제조 등의 활동을 통해 자체적으로 경제를 부양했다.

필립 멜랑흐톤 초상화(1532)

무스와 필립 멜랑흐톤(Philipp Melanchthon)의 저술들과 고전들에 대한 규칙적인 강독과 함께 수업이 진행되었다.

그 수업 이외의 시간에 불링거는 또 다른 하나의 중요한 관심사를 실행해 나갔다. 그는 매일 아침 한 시간 동안 신학서적을 정독하였다. 이와 함께 그는 지속적인 강독을 통해서 신약 성경의 각 권들을 해석하였다. 그는 수업 참가자들을 고려하여 독일어로 신약성경에 관한 강의를 실행하였다. 이렇게 볼 때, 불링거는 취리히에 있

예언회(오늘날 취리히 대학교 신학부) 및 그로스뮌스터 교회

는 쯔빙글리의 신학교인 '예언회(Prophezey)'가 설립되기 2년 전에, 이미 취리히 학교인 '스콜라 티구리나(Schola Tigurina)'를 위해 모범이 되었던, 스위스에서 첫 번째 개혁주의 신학교육의 기초를 놓았다고 말할 수 있다.

이 젊은 교사는 아마도 처음에 거의 대부분의 종교개혁자들처럼 새로운 교회의 설립을 생각하지는 않았다. 오히려, 로마 카톨릭 교회 안에서 새로운 혁신이 이루어지길 희망했을 것이다. 추측하건데, 불링거는 카펠에서 교사 생활을 하고 있는 기간 동안에 벌어진 1523년 1월 29일 '첫 번째 취리히 논쟁'을 통해서 본격화된 취리히 종교개혁과 함께 실제적인 생각의 변화를 드러내기 시작한 것으로 볼 수 있다. 매우 빠르게 불링거는 수도원 학교의 개혁자로서 영향을 미쳤을 뿐만 아니라, 동시에 주변 지역에

1523년 첫번째 취리히 논쟁

도 영향을 미쳤다. 그리고 그는 자신의 고향 근교에 있는 교회를 섬기는 목사가 되는 소명을 가지고 있었다. 특별히, 종교개혁을 위한 대열에 참여하는 것도 기대되었는데 결코 놀라운 사실은 아니었다. 하지만 그 개혁된 수도원은 변명할 수 없을 정도로 선명하게 종교개혁의 적대자들에게 노출되었다. 무엇보다도, 카펠 수도원이 속해 있는 프라이암트 지역과 이웃 도시인 쭉(Zug)은 종교개혁을 로마 카톨릭 교회의 신앙고백을 고수하고 있는 스위스 내륙 지방들로 확대시키는데 가교적인 역할을 감당할 수 있는 곳에 위치해 있었다. 카펠 수도원 근교는 알프스 산맥에 인접된 내륙으로 가는 초입이었기 때문이다. 그래서 카펠 수도원과 근방의 교회들은 늘 교황주의자들의 감시대상에 놓여 있었다. 더욱이, 지형적으로도 카펠 지역은 개혁주의자들과 교황주의자들 사이에 전쟁이 일어났을 때 접전을 벌릴 수 밖에 없는 중간지점에 속한 평야지대이기도 하였다. 얼마 흐르지 않는 시간에 불링거로 하여금 야반도주를 하도록 만든 두 번의 카펠 전쟁들이 이 지역에서 일어난 것은 피할 수 없는 운명이었다.

어찌되었든 불링거의 개혁은 수도원 내에서 빠른 효과를 드러냈다. 이와 함께 그는 수도원 원장 요너와 프리오르 페터 심플러(Prior Peter Simmler)로부터 절대적인 지원을 받을 수 있었다. 1525년에 처음 성화들이 교회로부터 제거되었고, 그 이후에 미사도 금지되었다. 결국, 1526년 3월 29일에 처음으로 성찬식이 개혁주의 예전에

볼프강 요너

따라서 시행되었다. 그리고 모든 수도사들은 자신들의 특이한 복장을 마침내 벗게 되었다. 1527년에 수도원 원장과 참사회는 카펠 수도원을 취리히 위원회에 귀속시켰다.

하인리히 불링거는 6년 동안 카펠 수도원 학교에서 머물렀다. 그의 교사생활은 1527년 가을에 요너 원장이 취리히에서 신학을 공부할 수 있도록 허락한 5개월간의 휴가 이외에 중단된 적이 없었다. 이 안식은 자신의 주변에서 발생되고 있는 신앙고백적인(교파적인) 변화의 긴장감 속에서 주어진 시간이었고, 개인적으로는 신앙적인 성장, 희망 그리고 고뇌의 시간이었으며, 무엇보다도 신학적인 숙고와 정확한 성경 이해를 위한 씨름의 시간이기도 했다. 불링거는 이 5개월간을 자신의 인생 중에서 가장 행복한 시간으로 회상 바가 있었다.

초기 저술들

불링거는 6년 동안 카펠(Kappel) 라틴어 학교의 교사로서 뿐만 아니라, 또한 작가적인 활동에 있어서도 매우 적극적이었다. 그는 이 시기에 많은 서신들과 함께 30권의 라틴어와 22권의 독일어 저술들을 집필하였다. 우리는 이미 성경과 그리스도에게 집중된 불링거의 저술이해에 관한 설명을 언급한 바가 있다. 즉, 모든 저술들의 표지 위에 새긴 마태복음 17장 5절 내용인 "오직 그리스도의 말을 들어야 한다"는 불링거의 좌우명은 자신의 저술원칙을 표현한 것이다. 그는 교회와 신학에 관한 모든 지속적인 질문들을 다룰 때 그리스도의 가르침에 따라서 자신의 입장을 드러내는데 온 힘을 쏟았다.

특별히, 불링거는 초기 저술들 안에서 집중적으로 성례와 미사에 관한 논쟁점에 깊은 관심을 두었다. 그는 카펠에서 활동하는 동안에 11번 정도 이 주제들에 대한 자신의 입장을 밝혔다: 성만찬에 대한 바른 시행은 불링거에게 있어서 핵심적으로 그리스도의 죽음을 기억하는 것일 뿐만 아니라, 또한 기념의식을 위한 교회 공동체의 모임을 의미하였다. 성만찬은 로마 카톨릭 교회에서 말하는 희생제사나 그리스도의 살과 피를 먹는 것을 의미하는 것이 아니라, 오히려 빵과 포도주가 상징적으로 이해되는 것이었다. 그래서 그 빵과 포도주가 실제적으로 그리스도의 살과 피로 변화되거나 그것들에 그리스도의 육체적인 실체가 현재적으로 임하지 않고, 오직 영적으로 임한다는 것을 나타냈다. 이 때문에 성만찬은 실제적인 먹음과 관계된 것이 아니라, 오히려 믿음 안에서 발생된 먹음과 관계된 것이다.

후스와 루터의 성만찬 (16세기 목판화)

이러한 이해 속에서 불링거의 성만찬에 관한 숙고는 이미 쯔빙글리와 교감이 이루어진 것으로 알려져 있다. 불링거는 1524년 9월에 쯔빙글리를 만난 자리에서 처음으로 자신의 성만찬 입장을 제시했었기 때문이다. 하지만 불링거는 처음부터 거의 독자적으로 자신의 성만찬 이해에 도달했다는 사실을 잊지 않아야 한다. 그는 성만찬 견해에 있어서 한편으로는 쯔빙글리를 존중하면서도, 다른 한편에서는 처음부터 그와 다르게 확증한 면이 있었다는 것을 부인할 수는 없다. 불링거는 쯔빙글리를 만나기 이전부터 성만찬에 관한 자신만의 고유한 특징을 가지고 있었던 것이다: 하나님이 처음 아브라함과 이스라엘 민족과 함께 언약을 맺으셨다. 그 이후에 하나님은 아브라함의 후손에 속한 모든 믿음의 사람들과 언약을 맺으셨다. 하나님과 이스라엘 사이의 언약을 위한 확실한 상징인 유월절 양처럼, 즉 그리스도의 희생은 모든 인간들과 함께 맺은 언약의 상징이다. 그 희생은 오직 한번만으로 유효하다. 이 때문에 희생제사를 의미하는 로마 카톨릭 교회의 미사가 필요하지 않는 것이다. 이 언약론적인 논증은 성만찬과 연결된 불링거의 고유한 특성이라고 할 수 있는데, 그가 언제나 깊은 관심을 가지고 다루었던 신학적인 주제였다.

무엇보다도, 불링거는 저술들 안에서 자신의 관심사를 위해 철저한 논쟁적인 투사로서 정체성을 드러내기도 했다. 우리는 미사의 악습에 대해 반대한 불링거의 서신에서 '미사가 로마 카톨릭 교회의 모든 악습과 관련된 원인'이라고 밝힌 내용을 읽을 때, 쯔빙글리의 온화한 후계자의 모습은 수정되어야 할 정도로 강한 인상을 남기고 있

다: "사람이 빵과 포도주를 견고한 철문들을 가진 감옥(성체 보관함) 안에 가두어 신적인 것으로 숭배하기 때문에, 처음부터 그 미사로부터 공공연한 우상숭배가 발생하였다. … 그것과 관련하여 외식적인 예배는 금과 은, 보석들, 비단과 우단으로 치장되었으며, 더욱이 교회의 재산이 교회의 본질이 되었다. 왜냐하면 교회의 공동체 안에서 가난한 사람들은 쫓겨나고 있기 때문이다. … 그것으로부터 모든 성경의 기록들과 반대되는 합창단과 성가대의 열매가 없고, 질서가 없으며 또 전혀 유익이 없는 찢어질듯 한 소리, 시끄러운 피리와 오르간의 울부짖는듯 한 소음, 유대인적인 고리대금업, 광대들의 의상(미사복장), 유치한 장난감도구 그리고 어리석은 행동이 나온다."

재세례파들과 세례논쟁

처음 만났을 때부터 쯔빙글리는 대략 스무 살 아래였던 불링거의 가치를 매우 신속하게 인정해 주었다. 그 이후

쯔빙글리 초상화(1531)

로부터 두 사람의 관계는 빈번한 신학적인 교류와 사적인 친교로 발전되었다. 두 사람은 인문주의 영향 아래 있었다. 많은 신학적인 입장들에 대해 비슷한 시각을 가졌으며, 현재 교회가 새롭게 개혁되어야 한다는 사실에 대해서도 서로의 마음을 깊이 공유할 수 있었다. 실제로, 젊은 수도원 교사는 성만찬 논쟁에서 훨씬 연장자인 취리히 종교개혁자 앞에서 자신의 전문지식과 탁월한 사고를 증명해 보였다. 이 때문에 쯔빙글리는 1525년에 스물한 살의 젊은 불링거를 취리히 위원회가 개최한 재세례파들과 벌린 격렬한 몇몇 논쟁들에도 초대를 했다.

취리히 재세례파들은 급진적인 종교개혁을 열망했다. 그들은 유아 세례를 거부하고 오직 성인 신자들의 세례만을 인정하였다: 앞으로 더 이상 죄를 짓지 않겠다고 다짐하고, 자신의 신앙을 명확히 고백할 수 있는 사람들에게만 세례를 베풀어야 한다고 주장한 것이다. 이 때문에 그들은 논쟁적인 의미에서 자주 '재세례파(Wiedertäufer)'로 불리었다. 무엇보다도, 재세례파들은 모든 국민들을 자동적으로 신자로 인정하는 국가교회를 반대하여, 오직 자신의 신앙을 참되게 고백하는 회원들로만 구성되는 교회를 강조하였다. 즉, 국가와 완전히 분리된 교회만을 인정한 것이다. 그들은 엄격한 도덕적인 이상주의를 설교하면서, 그 가르침에 따라서 살 때 신자들의 공동체 안에서 국가적인 조직은 더 이상 필요하지 않다고 규정한 것이다.

취리히 종교개혁자들과 재세례파들 사이의 논쟁들은 아무런 일치도 이끌어내지 못했다. 이러한 결과와 관련하여 서로의 처지는 분명하게 구별되었다. 처음에 쯔빙글리도 재세례파들의 이상적인 숙고에 대해 많은 관심을 가졌었다. 하지만 그는 어떤 타협점도 찾을 수 없는 그들의 일방적인 주장들과 관련하여 완전히 등을 돌릴 수밖에 없었다. 재세례파들의 극단적인 요구들은 역사의 중대한 시점

1525년 재세례파 논쟁

에서 취리히 종교개혁의 가장 큰 위협으로 새롭게 등장했다. 이 때문에 아무런 합의를 이루진 못한 논쟁들은 강렬하고 냉혹한 결과를 가져올 수밖에 없었다. 쯔빙글리의 권고 아래서 취리히 정부의 관원들은 재세례파들을 물리력으로 제재하기에 이르렀으며, 더욱이 몇몇 사람들은 사

형에 처해지기도 했다.

불링거는 1525년에 있었던 논쟁들에 근거하여 집중적으로 재세례파들의 주장들과 가장 우선적으로 세례 교리에 관하여 검토하였다. 그리고 1525년 12월에 쓴 《세례에 관하여》라는 저술에서 자신의 세례에 관한 견해를 밝혔다. 쯔빙글리에 의한 신학적인 영향에도 불구하고 불링거는 이미 자신만의 신학적인 개념을 형성하고 있었다는 것을 선명하게 보여주고 있다. 쯔빙글리가 일찍부터 성경의 주석적인 논쟁을 하고 있는 동안에, 불링거는 중요한 신학적인 주제들을 체계화시키는 일에 관심을 둔 것이다.

성만찬 때처럼, 불링거는 세례 역시도 사람과 함께 맺은 하나님의 언약으로부터 출발하였다. 아담과 노아까지 거슬러 올라가는 언약은 아브라함에게서 확증된 것이다. 그 언약에 관한 가시적인 표시는 아브라함의 모든 후손들과 그에게 속해 있는 모든 남자들에게 시행된 할례이다.

1528년 재세례파 수장형

그 이후로부터 할례는 유아 때 이루어졌는데, 하나님의 언약은 어린 아이들에게도 아무런 차별 없이 체결된다는 사실을 말해주고 있다. 세례 요한이 예수님과 당시 사람들에게 베푼 세례는 하나님과 인간 사이에 맺어진 언약에 관한 새로운 표시이다. 이 세례는 하나님의 백성에 대한 언약의 표시가 되는데, 즉 이 언약 안에서 살아야 할 뿐만 아니라, 그것에 근거하여 행해야 하는 신앙적인 의무에 대한 표시라고 할 수 있다.

불링거는 《세례에 관하여》 안에서 재세례파들의 입장이 성경적으로 옳지 않는다는 것을 분명히 밝혔다. 그리고 그 이후로 1531년에 쓴 《뻔뻔스러운 범죄에 관하여》와 1560년에 회고적으로 정리한 《재세례파의 기원》 안에서도, 그는 자신의 재세례파에 대한 비판을 거듭 확인시켜주고 있다. 그는 재세례파들을 향해 취리히 정부가 행했던 물리적인 처벌 역시도 결코 잘못된 것으로 여기지 않았다. 당시 정치적인 상황과 관련하여 국가를 부정하는 재세례파들의 준동이 옹호되었다면 취리히 종교개혁 자체가 무산될 수 있었다는 위기의식을 느끼고 있었기 때문이다. 불링거가 재세례파들을 거부하였을 때, 분명히 그것은 자신만의 결정에 의해서 이루어지지는 않았을 것이다. 그럼에도 불구하고 재세례파들과 많은 신학적인 질문들을 놓고 대화를 시도하거나 화해적인 역할을 감당하기도 했던 불링거가 결과적으로 국가 공권력의 투입을 인정할 정도로 배타적이고 냉정한 입장을 취했다는 것 자체가 사실 묘한 느낌을 불러일으킨다. 이렇게 볼 때, 불링거도 자신의 시대 문제를 극복하기 위해서 괴로워하고 아파하면서 가장 최선의 길을 선택하며 살아야 했던 '그 시대의 인물'이었음을 부인할 수 없다.

취리히에서 신학을 위한 체류

1527년 여름에 카펠 수도원의 원장 요너는 자신의 학교 교사인 불링거에게 취리히에서 5개월 동안 체류 할 수 있는 특별한 휴가를 허락하였다. 불링거는 이 제안을 매우 기뻐하였다. 결과적으로, 그는 쯔빙글리와 정규적으로 교제할 수 있는 기회를 가질 수 있게 되었다. 두 사람의 첫 만남은 이미 1523년에 이루어졌었다. 대략 스무 살이 어렸던 불링거는 쯔빙글리를 스승이자 동지로 생각했는데, 그 둘은 서로를 단번에 매우 잘 이해하는 사이가 되었다. 그들은 인문주의 영향을 받은 지식인들로서 신학적으로 비슷한 신념을 공유하고 있었다. 추측하건데, 쯔빙글리 역시도 불링거의 경우와 마찬가지로 서로의 신학적인 대화 속에서 많은 유익을 얻었을 것이다. 이 때문에 그는 자신의 어린 친구를 매우 존중했던 것으로 알려져 있다.

1527년 6월 23일부터 11월 14일까지 불링거는 자신이 활동하고 있는 수도원 소유의 숙소인 취리히의 카펠 기숙사에서 생활하였다. 그는 다시금 학교에서 학문하는 기회를 즐기게 되었다. 쯔빙글리의 설교들과 강의들을 집중적으로 청강했으며, 그리스어와 히브리어도 학습하였다. 아울러, 불링거는 취리히에서 사귄 오랜 친구들과 관계를 더욱 돈독하게 하였을 뿐만 아니라, 또한 새로운 인물들과 교류할 수 있는 기회도 가질 수 있었다. 한 실례로, 그는 파랄셀수스(Paralcelsus)를 새롭게 알게 되었다. 더욱 중요한 것은 이러한 계기를 통해서 불링거가 취리히에서 더 잘 알려지게 되었다는 점이다. 그는 그곳에서 매우 존중받는 인물이 되었다. 그래서 취리히 정부는 쯔빙글리의 허락 아래서 손님으로 체류하고 있는 불링거를 1528년 1월 6일부터 12일까지 열린 베른너 논쟁(Berner Disputation)에도 참여시켰다. 모든 스위스 도시들과 남부 독일의 도시들이 초청된 이 논쟁에서는 믿음의 근거,

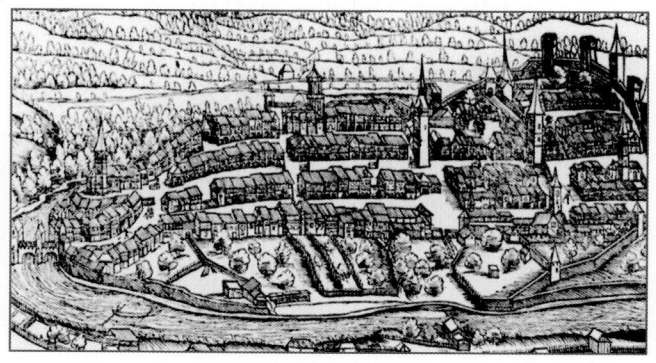

16세기 베른

성경이해, 대속사역, 미사, 성인숭배, 사제들의 독신생활 등에 대한 중요한 질문들이 논의되었다. 이와 동시에, 이 논쟁은 스위스 연방의 연합과 안정에 기여하기 위한 목적도 가지고 있었다. 이곳에서 불링거는 마틴 부처(Martin Butzer), 베르흐톨트 할러(Berchtold Haller), 기욤 파렐(guillaume Farel) 등의 중요한 개혁주의 인물들을 만날 수 있었다. 불링거는 이 사람들과 평생 동안 우정을 나누었다.

1528년 베른 논쟁 결정문 표지

약혼과 결혼

취리히에서 체류하는 동안에 불링거에게 몇 가지 중대한 일들이 발생하였다. 스무 살이 된 이래로 젊은 수도원 교사는 결혼에 대한 생각에 집중하였다. 대략 40세가 되어 종교개혁의 내부적인 투쟁을 끝낸 이후에 가정을 이룬 루터나 쯔빙글리와 다르게, 로마 카톨릭 교회의 독신생활에 대한 강요는 불링거에게 있어서 아무런 장애 요인도 되지 않았다. 그는 자신의 부모를 통해서, 비록 합법적인 혼인증서를 가지고 있지는 않았었지만, 좋은 부부관계와 가정이 어떤 가치를 의미하는가를 경험했다. 이 때문에 그는 가정을 이루지 않는 삶을 결코 상상할 수 없었다. 비록, 불링거가 카펠(Kappel)수도원에서 확신을 가지고 힘겨운 노력 속에서 모든 수도사들을 2년 안에 결혼

ㅈ안나 아들리슈빌러

하게 만들었음에도 불구하고, 그러나 그 자신에게 있어서 배우자 선택은 결코 단순하지 않았다.

1527년 여름에 청년 불링거는 취리히에서 안나 아들리슈빌러(Anna Adlischwyler)와 교제를 하게 되었다. 그 처녀는 전직 수녀였다. 취리히 종교개혁의 큰 물결 속에서 외텐바흐(Oetenbach) 수녀원이 문을 닫게 되었다. 그곳에서 아들리슈빌러는 당장 갈 곳이 없는 몇몇 사람들과 함께 여전히 머물고 있었지만, 그러나 그녀는 더 이상 종교개혁 이전에 맹세했던 종교적인 서약을 지키는 것이 의미가 없다는 사실도 알고 있었다.

그럼에도 불구하고 하인리히는 안나가 자신의 청원에 어떻게 반응할 것인가에 대해 아무런 확신을 가질 수 없었다. 그녀가 자신의 순결서약을 파기할 것인가 혹은 결혼을 하고 싶어 하는가에 대해 확인하는 것도 쉽지 않았

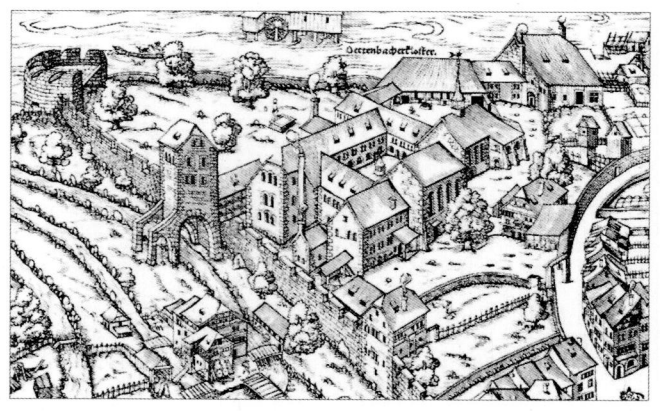

16세기 외텐바흐 수녀원

다. 이 때문에 불링거는 중매쟁이를 통하지 않고 매우 용기 있게 안나를 위해서 무려 30장이나 되는 장문의 편지를 썼다. 그는 성경에 근거한 결혼의 의미와 중요성을 자세하게 설명하였다: *"이 결혼 안에서 모든 경건들이 연습될 수 있습니다. 믿음, 사랑, 긍휼, 소망, 인내, 절제, 규칙 그리고 그리스도 예수 안에서 모든 하나님의 구원 등."*

이 편지를 쓴 이후에 불링거는 곧바로 그녀에게 청원을 했다. 그는 혼자 살 수 없다는 것을 밝히면서, 그러나 이제까지 어떤 여인도 만나지 않았다는 것을 솔직하게 고백하였다: *"영혼과 마음을 담아서 … 당신은 내가 (결혼하기로) 결심한 오직 유일한 여성입니다. 당신이 나에게 지정되었는가는 오직 하나님만 아시며, 더욱이 나의 선택은 당신의 말과 행위에 근거하고 있습니다. 그래서 나는 이 시간에 당신이 하나님의 열매이고, 그분의 양육 안에 거하는 여인이기를, 동시에 내가 당신과 함께 사랑하고, 고난에 동참하며 그리고 하나님의 모든 뜻대로 살고 싶다는 것을 밝힙니다."*

이러한 상황 속에서 안나도 자신이 어떤 사람과 관계를 맺으려고 하는가를 정확히 알고 싶어 했다. 그녀는 지속적으로 불링거를 유심히 살폈다. 그는 사제가 아닌 자유롭고, 평판이 좋으며 그리고 건강한 사람이었다. 그는 학문에 관해서도 매우 날카로운 안목을 가졌으며, 그 당시 어느 누구보다도 뛰어난 실력을 가진 지적인 인물이었다: *"내가 어떤 것에 대해 매우 성급하지만, 그러나 무례하거*

약혼과 결혼

나 독선적이지 않다는 것은, 내가 완전히 상심할 수도 있으며, 또한 특별히 마음을 어디에 표출해야 하는가를 곧바로 잊어버릴 수 있는 인물에 속하기 때문입니다. 나는 도박을 하고, 술을 마시거나 그리고 싸움을 일으키는 불량한 남자들의 부류가 아닙니다." 이 뿐만 아니라, 불링거는 경제적인 능력에 있어서도 어려움이 없었다. 그리고 카펠 수도원 안에서 상당한 권리를 행사할 수 있는 지위를 가지고 있었다: "그때 나는 가르치기 위해서 수도원의 원장에 의해 채용되었습니다. 그곳에서 그리고 내가 있게 될 곳에서 나는 당신을 나에게로 이끌어 들이길 원합니다." 더욱 중요한 것은 불링거가 이 세상에서 무엇과도 바꿀 수 없는 보물을 소유하고 있다는 사실이다: "결코 잃어버릴 수 없는 보물, 즉 그것은 하나님이십니다. 그분이 나에게 삶의 의미와 지혜를 주셨습니다. 그래서 나는 성실히 그것들을 활용하고 있으며, 결코 부족함이 없다는 것을 확신합니다." 다시금 언급하면, "가장 중요한 요점은, 그분은 나에게서 발견된 가장 크시고 지혜로우신 보물이십니다: 하나님에 대한 경외, 경건, 충성, 내가 유난히 빛나게 당신에게 둔 사랑, 선행, 진지함, 우리에게 주어진 시간 안에서 부족하지 않아야 할 부지런함. 그래서 당신이 나와 함께 생사고락을 나누길 원할 때, 당신이 나를 소유하게 되는 꿈이 당신의 눈 앞에서 직접 실현될 것입니다."

안나의 대답은 오래 지체되지 않았다. 1527년 10월에 그녀는 불링거에게 부부됨의 서약을 분명하게 확인시켜 주었다. 그리고 이틀 후에 두 사람은 약혼을 하였다. 하지만 안나의 홀어머니가 결혼을 반대하였기 때문에 1529년 여름까지 결혼식은 미루어져야만 했다. 결과적으로 신랑 불링거가 얼마나 행복하였는가는 안나를 위한 결혼송가의 다음 구절들이 알려주고 있다:

*진심으로 환영합니다.
당신은 나의 고귀한 미덕이며
탐스러운 열매입니다.
나의 가장 사랑스러운 여인
나의 여왕이여!
내가 당신을 깊이 알기 이전부터
당신이 나타낸 온전한 사랑들은
내 마음을 진심으로 위로해 주고 있는
나에게 너무도 소중한 것들입니다.*

*당신은 나의 위로
나의 친구 그리고 방패
나의 마음의 항구입니다.
나는 오직 당신만을 사랑하며
나는 오직 유일한 당신의 분신이며
나는 당신과 하나가 됩니다.
당신은 어떤 사람도 의식할 필요 없이*

*사랑이 항상 생동할 수 있도록
오직 나만을 신뢰해야 합니다.*

*지금 나는 당신의 가장 사랑스러운 분신입니다.
내가 당신 곁에 머무르고 있는 이 순간
지금 나는 화평을 가졌으며
지금 나에게 행복이 가장 충만합니다.
지금 나는 후회함이 없으며
내가 시도해야 할 어떤 강구나 요청도 없습니다.
내가 그토록 소망했던
가장 사랑스러운 보물인
당신을 소유했기 때문입니다.*

브렘가르텐에서 목회사역

1529년 1월에 브렘가르텐 교회의 수석 사제인 장자 하인리히 불링거는 종교개혁 신앙을 유일한 진리로 고백한다는 선언으로 자신의 교회 공동체를 놀라게 하였다. 하지만 그 도시의 시장인 한스 혼넥거(Hans Honegger)와 위원회의 일부 사람들은 그 사제를 곧바로 해임해야 한다고 의견을 모았다. 아버지 하인리히는 합법적으로 저항했지만 아무런 성과 없이 무의미하게 끝나버렸다. 브렘가르텐 위원회가 그 수석 사제의 해고를 최종적으로 승인했기 때문이다. 그렇지만 흥미롭게도 그 이후의 전체 시민모임을 통해서 로마 카톨릭 교회의 미사가 거부되었을 뿐만 아니라, 또한 그 도시의 종교개혁이 결의되었다. 취리히 위원회는 브렘가르텐을 위해서 종교개혁 사상으로 잘 무장된 설교자를 보내 줄 것을 요청받았는데, 게르바시우스 슐러(Gervasius Schuler)가 추천되어 파송되었다.

그리고 젊은 불링거가 취리히에서 5개월 동안의 신학 공부를 끝내고 다시 카펠 수도원으로 돌아왔을 때, 취리히 교회의 총회는 그에게 정식적으로 신학을 공부하지 않았음에도 불구하고 목사 서약을 하도록 권면하였다. 그 수도원 원장인 요너는 이 중대한 일에 대해서 적극적으로 지지하였다. 카펠 수도원은 이미 취리히 교회에 귀속되어 종교개혁의 대열에 참여하고 있었기 때문이다.

이러한 상황 속에서 하인리히 불링거는 1528년 4월에 많은 사람들의 격려를 받으며 목사 서약을 하였다. 그리고 알비스의 하우젠(Hausen am Albis)에 있는 교회에서

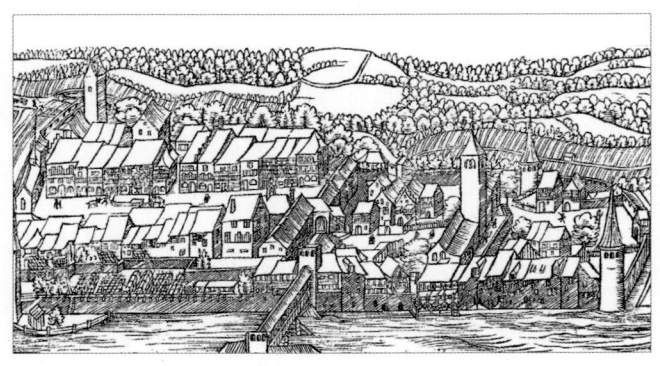

16세기 브렘가르텐

목사의 직무를 수행하도록 파송도 받았다. 1528년 6월 21일에 불링거는 그 교회에서 자신의 첫 번째 설교를 선포하였다. 이 시점으로부터 그의 설교사역은 무려 47년 동안 지속되었다.

그 이후에 당연히 브렘가르텐의 시민들도 얼마 전까지 교회의 수석사제로 섬겼던 사람의 아들이 설교하는 것을 꼭 한번 듣기를 요청했다. 그래서 불링거는 1529년 3월 16일에 브렘가르텐 교회에 초청되어 오순절 주일의 설교를 감당하였다. 그의 설교는 다음날 미사 제단을 철거하고, 성화들을 불태우며 그리고 엄격한 교회규범을 받아들이게 할 만큼 깊은 감명을 주었다. 그리고 한 주간 이내에 고향 도시는 그곳 교회를 위한 불링거의 청빙을 기쁨으로 허락하였다. 그는 1529년 6월 1일에 브렘가르텐 교회의 협력 목사로 부임하였다. 수석 목사인 슐러와 불링거는 곧바로 그 도시 안에서 종교개혁을 정착시키기 위한 사역들을 시작하였다.

취리히 근교에 위치한 프라이암트 지역에서 종교개혁의 열망은 별다른 갈등 없이 받아들여졌다. 하지만 스위스 내륙 지역들은 비록 브렘가르텐의 종교개혁에 대해서 방해하지 않았으나 주변의 다른 도시들로 확산되는 것을 경계하면서 근심스럽게 지켜보았다. 실제로, 그 지역들의 염려는 전혀 근거가 없는 것이 아니었다. 몇몇 이웃 도시들에서 종교개혁이 수용되었으며, 그 영향은 일시적으로 내륙 깊숙이 위치한 도시인 무리(Muri)까지 확산되었기 때문이다. 그리고 이러한 상황 속에서 개혁주의 도시들인 취리히와 베른은 스위스 내륙에 있는 도시들을 종교개혁으로 이끌기 위해 스위스 내륙으로 들어가는 교역로를 물리적으로 차단하였다. 이 식량보급 차단을 완벽하게 관철시키기 위해서 브렘가르텐이 속해 있는 프라이암트 지역의 지리적인 상황을 활용하였다. 하지만 그 결과는 내륙 도시들을 설득시키기 보다는, 오히려 종교개혁의 확산에 대한 강력한 저항을 부채질하게 만들었다. 1531년 10월 12일에 로마 카톨릭 교회의 신앙을 고수하길 원했던 다섯 산림주의 연합군은 취리히 군대를 카펠에서 격퇴시켰다. 이 전쟁은 쯔빙글리의 운명을 가혹하게 바꾸었을 뿐만 아니라, 또한 불링거의 활동무대였던 브렘가르텐의 운명도 완전히 이전의 상황으로 되돌려 놓았다: 취리히

쯔빙글리의 죽음

군대와 연합작전을 펼치기 위해서 파병되었던 베른 군인들도 철수하였다. 그리고 종교개혁의 정착과 확산을 위해 프라이암트 지역에서 활동했던 모든 개혁주의자들이 전쟁의 승리자들에게 붙잡혔다. 브렘가르텐은 오직 무조건적인 항복 안에서 별다른 피해 없이 선처될 수 있었다. 그 도시는 로마 카톨릭 교회의 신앙을 따르는 지역으로 다시 바뀌게 되었다. 그곳에서 종교개혁을 위해 헌신했던 목사들은 생명의 위협 속에서 은밀하게 도망쳐야 했다.

설교의 자유

1531년 11월 21일에 브렘가르텐으로부터 도망자의 신분으로 취리히에 도달했을 때, 하인리히 불링거에게 아무런 미래적인 기대가 없었던 것은 아니었다. 취리히에 체류하고 며칠되지 않아서 그 젊은 목사는 베른(Bern), 바젤(Basel) 그리고 아펜젤(Appenzell) 도시들로부터 그곳 교회들의 사역자로 와줄 것을 제안 받았기 때문이다. 하지만 불링거는 취리히 설교자였던 쯔빙글리의 제자이자 동지로서 림마트 도시에 특별한 의무감을 가질 수 밖에 없었다. 그는 아무런 마음의 흔들림 없이 기쁜 마음으로 취리히에 머무는 것을 결심했다. 그리고 이 도시에 거주하는 것이 완전히 결정되었을 때 불링거의 아내 안나는 두 딸들인 안나(Anna)와 마가레타(Magareta)를 데리고 브렘가르텐을 조용히 빠져나왔다. 그 가족은 곧바로 그로스뮌스터 교회 건너편에 위치한 '푸른 성'의 집으로 이사했다. 불링거는 6년 후에 가족의 숫자가 늘어남에 따라서 가까운 곳에 위치한 좀 더 넓은 집으로 다시 한 번 이사를 해야만 했다. 이 시기에 안나 불링거는 여섯 번째 아이의 출산을 기다리고 있는 중이었다. 이 집은 대가족의 자유로운 생활을 위한 공간으로 충분하지는 않았지만 항상 아늑하고 위로가 넘치는 곳이었다. 불링거의 일상생활은 표면적으로 44년 동안 거의 변화가 없었다. 그는 그로스뮌스터 교회, 취리히 정부청사 그리고 자신의 집 사이를 오가며 한정된 공간 안에서만 활동을 했기 때문이다. 몇 번의 여행들과 교회 업무를 위한 짧은 출장들을 제외하고, 그 수석 목사는 거의 취리히 도시성곽 밖을 벗어나지 않았다. 그럼에도 불구하고 불링거는 시간의 흐름 속에서 전(全)유럽 안에서 수많은 부류의 사람들과 교류관계를 형성하였을 뿐만 아니라, 또한 다양한 지역들의 영주들이나 왕족들과도 규칙적인 교제를 나누었다.

스물일곱 살인 불링거의 첫 번째 도전은 취리히에서 종교개혁의 안정과 교회조직의 새로운 구성이었다. 국가 업무에 더 이상 관여하지 않는다는 목사들의 서약과 취리히 위원회를 통하여 약속된 설교의 자유에 대한 보증에도 불구하고, 이전과 달리 새롭게 관계를 설정한 취리히 교회와 정부 사이의 신뢰성은 아직 깊이 발전된 상태까지 이르지는 못했다. 이 때문에 취리히 교회의 새로운 총회 의

장은 1532년 1월 22일에 자신이 수행할 목회사역의 방향
성을 제시하는 연설을 한다고 밝혔다. 이때 '선지자의 직
무에 관하여'라는 강렬한 주제로 청중들의 이목을 집중시
켰다: 목사들을 지칭하는 선지자의 첫 번째 직무는 하나
님의 말씀에 대한 해석이다. 그리고 그는 신중하게 설교
를 해야 한다는 것도 강조하였다: *"즉 우리가 우리 자신
의 엄격함을 통하여 그리스도를 위해 죽음을 각오하는 일
을 망각하지 않기 위해서이다."* 그리스도는 죄인들, 세리
들 그리고 창녀들과 교제하셨다. 그는 상한 갈대를 꺾지
않기를 원하셨고, 또한 희미하게 타고 있는 심지를 끄지
않기를 원하셨다. 이 때문에 목회자회의 가장 중요한 직
무는 교회를 하나님의 말씀으로 교훈하는 것임을 분명하
게 드러냈다.

이러한 강조를 통해서 무엇을 말하고자 했을까? 불링
거는 교회의 치리가 너무 엄격하게 시행되는 것을 경계했
다. 그것은 교회의 고유한 임무를 벗어나게 할 수 있는 위
험성을 가지고 있기 때문이다. 불링거 역시도 쯔빙글리
와 비슷하게 교회와 국가의 관계를 매우 밀접하게 이해했
다. 교회는 신자들의 평안과 신앙적인 성숙을 위해서 헌
신하고, 국가는 국민의 안정과 사회질서를 위해서 봉사해
야 한다고 생각한 것이다. 이 때문에 교회와 국가의 관계
를 엄밀하게 분리시키는 듯한 인상을 준다고 생각된 루터
의 '두 영역 교리(Zwei-Reiche-Lehre)'는 불링거에게
서 조심스럽게 다루어졌다. 하지만 이러한 교회와 국가의

관계에 대한 언급과 관련하여 취리히 교회의 새로운 총회 의장은 반대여론에 직면해야 했다. 대표적으로 쯔빙글리의 오랜 동역자이자 목사들의 신학교육을 위해 세워진 예언회 교수인 레오 유트(Leo Jud)가 불링거의 입장을 반대하였다. 유트는 교회와 국가의 관계에 대해서 완전한 분리를 주장하였다. 유감스럽게도 그 교수는 불링거의 교회와 국가의 관계에 대한 현대적인 이해를 취리히 상황들과 특별히 정부에 대한 매우 강력한 비판으로 연결시켰다. 이 논쟁 안에서 *"돼지, 개들, 그리스도의 이름과 경건한 사람들의 대적자들, 국가의 공정성에 대한 대적자들, 하나님 말씀과 목사들의 대적자들 그리고 모든 공적인 일들에 대한 대적자들"* 이라는 거친 용어들도 들을 수 있었다. 유트에게서 다음과 같은 내용이 분명하게 강조되었다: *"어떤 사람이 교회에 속해 있지 않더라도, 그는 시민과 시장이 될 수 있다. … 나는 우리 스스로가 복음의 적대자들에게도 순종을 해야 하며, 그리고 여기에 덧붙여 그들이 요구하는 의무들도 완수해야 한다는 것을 알고 있다."*

1532년 여름에 유트가 이러한 정치적인 입장을 담긴 설교를 통해서 반복적이고 공개적으로 취리히 정부를 비판했을 때, 처음 서면으로 시작되었던 교회와 국가의 관계에 대한 논쟁은 그 정점에 도달하였다. 결국, 취리히 위원회가 관여할 수밖에 없었다. 그 위원회는 불링거와 유트를 함께 불러서 세우고 이 사안에 대해 자세히 따져서 물었다. 제2차 카펠 전쟁의 결과 속에서 체결된 마일렌

협정과 목회자들이 국가의 일에 더 이상 나서지 않는다고 다짐했던 약속들을 상기시켰다. 그럼 설교의 자유 역시도 제한받아야 하는가? 불링거는 교회와 국가의 관계에 대해서 유트의 언급과 분명한 간격을 두었을지라도, 그러나 설교 안에서 바르지 못한 관원들을 향해 비판할 수 있는 권리에 대한 요청을 다시금 반복하였다. 이 문제에 대해 취리히 위원회는 긴 시간 동안 진지하게 논의했다. 이때 많은 국민들의 시위대가 취리히 정부청사를 둘러싸고 긴 행렬을 이루고 있었다. 그들은 목사들이 감옥에 갈 수도 있다는 것을 염려했기 때문이다.

결과적으로, 취리히 목회자회는 국민들에게 설교의 자유가 보장되었다는 것을 선언할 수 있었다: *"우리는 취리히 교회의 총회(Synode) 앞에서 행한 맹세에 따라서 진리를 자유롭게 설교해야 한다. 설교자들이 정부를 반대하는 입장을 가졌을 때, 먼저 그들은 앞서 취리히 위원*

레오 유트 초상화

회의 문을 두드릴 수 있으며 그리고 그 내용을 지체 없이 표명할 수 있다. 하지만 그 이후에 정당한 조치가 시행되지 않을 때 설교자들은 강단에서 성경에 근거하여, 하나님의 영광을 위하여, 평화와 안정을 위하여 그리고 사람들의 공적인 유익을 위하여 정부의 잘못을 선포할 수 있다." 이와 관련하여 취리히에서 교회와 정부 사이의 갈등을 중재하는 새로운 협의기구가 구성되었다.

교회와 국가의 관계에 대한 갈등의 공개적인 논의와 새롭게 구성된 협의기구는 두 영역의 협력과 견제와 관련하여 매우 광범위한 효력을 가진 열매들을 맺도록 하였다.

취리히 – 새로운 예루살렘

카펠 전쟁 이후에 발생된 취리히의 매우 힘든 현실적인 상황들과 관련하여 불링거는 교회와 국가의 협력에 대한 자신의 새로운 생각을 관철시켜 나갔다. 두 영역의 직무적인 차이를 철저히 구별했음에도 불구하고 취리히 국민과 교회의 공동체는 하나님 백성의 지체로서 '하나'라는 개념을 표명한 것이다. 이러한 이해 속에서 불링거는 취리히 안에서 하나님이 '새로운 예루살렘'의 새로운 종말론적인 규범을 실현화시키길 원하신다는 것을 강조하였다.

이렇게 교회와 국가의 관계를 완전히 분리시키지 않고 협력적인 관계로 규정하길 원했던 불링거는 특별히 취리히 정부에게 교회의 질서와 부양을 관장하도록 하였다. 실제적으로 취리히 종교개혁 역시 다른 도시들과 다르게 진행되지는 않았다. 모든 종교적인 결정들은 가장 먼저 정부에 의해서 수용되고 관철되었다: 취리히 정부는 1523년에 종교개혁을 공적으로 인정했다. 그리고 1524년에 성상을 제거했으며, 1525년에는 수도원과 미사를 폐지시켰을 뿐만 아니라, 또한 가난한 사람들을 위한 법적인 조치 속에서 현실화된 구제기관과 가정문제를 담당하는 가정법원을 도입하였다. 그 밖에 1528년에 취리히 교회의 총회를 개최하였으며, 1530년에는 풍기단속법원을 설립하였다. 취리히 교회의 젊은 수석목사는 새로운 제도들을 도입하지는 않았다. 그 대신에 이미 쯔빙글리와 취리히 정부 사이에 논의되었던 계획들을 정비하고 강

1524년 취리히 그로스뮌스터 교회의 성상제거

화하는 것에 더 많은 역량을 집중시켰다. 취리히 정부는 1532년 10월 22일에 불링거에 의해서 초안된 설교와 총회에 관한 규범을 공포하였다: 《하나님의 봉사자들에게 발생하는 몇 가지의 결점과 잘못에 관한 회복과 개선을 위한 명예로운 시장과 상·하 위원회의 동의와 결정》. 이 교회규범은 설교자들의 임무, 가르침 그리고 생활에 관하여 다루고 있다. 그리고 이것은 취리히 교회의 총회 구성과 모임에 관한 내용도 담고 있다. 이 총회는 취리히 시장과 수석목사(의장)의 협의(Ko-prädium) 아래서 일 년에 두 번 개최하고, 모든 목사들과 상·하 위원회 의원들이 함께 참석하며 그리고 교회와 관련된 중요한 사항들을 의결한다. 이러한 장치 아래서 취리히 정부와 불링거는 개별 목사의 신앙적인 건전성을 유지할 수 있도록 목회자회를 효율적으로 관리·감독하는 수단을 제정하였을 뿐만 아니라, 또한 모든 교회의 연합과 일치가 확실히 이루어질 수 있도록 하였다. 불링거는 자신이 취리히 교회의 총회의장으로 임직하는 동안에 개최된 모든 총회들을 엄밀하고 공정하게 이끌었다.

불링거가 예언회와 취리히 학교의 책임자가 되었을 때, 장학회를 관장하였을 때 그리고 목사고시 감독기관의 회원으로 활동했을 때, 취리히 교회의 모든 공적인 사안들은 그에게 집중되었다. 특별히 불링거는 아무런 지체 없이 취리히에 있는 모든 학교들을 정비하였다. 그리고 목회자 전문교육 기간으로 설립된 예언회의 신학교육을 개선하였다: 취리히 학교의 수업은 현대화 되었고, 당시 인문주의 방식으로 열렸으며 그리고 자연과학도 가르쳐졌다. 무엇보다도, 학생들은 포괄적인 성경지식을 위한 체계적인 교육을 받을 수 있었다.

그 밖에 짧은 시간 속에서 취리히 교회의 새로운 책임자는 교회를 새롭게 정비하고, 또 거의 한 세기 동안 유효했던 교회제도를 새롭게 만들기 위해서 많은 노력을 기울였다.

16세기 취리히

교회 재산을 위한 투쟁

종교개혁의 과정 속에서 취리히 정부는 교회 부양에 관한 책임을 받아들였다. 이 때문에 로마 카톨릭 교회로부터 분리된 이후에 취리히에 있는 모든 종교적인 재산들, 즉 수도원과 그에 딸린 부동산들, 교회 건물들 그리고 기타 현물재산들은 자연스럽게 국가의 관리 아래 놓이게 되었다. 그럼에도 불구하고 국가가 종교적인 재산들을 세속적인 용무들을 위해 마음대로 사용해도 좋은가?

취리히 위원회는 수도원 재산들의 경영을 정규적인 이윤을 낼 수 있는 '공적인 관리기구의 감독관'에게 위임하였다. 실제로, 그 수도원 재산들의 이윤을 통해서 1540년까지 전쟁차관이 변제되었다. 그 이후에 발생한 수입들은 새로운 관청건물들을 구입하는데 사용되었다: 한 실례로, 베덴스빌에 있는 정부청사를 대표적으로 떠올릴 수 있다. 최종적으로 그 이윤은 취리히 안에서 발생하는 여러 비상 상황들을 위해서도 지출되었다.

더욱이, 취리히 교회에 속해 있었던 유일한 재산인 그로스뮌스터 종교재단의 관리도 국가로 귀속되었다. 이 사안에 대한 부당함을 항의했던 불링거의 주장을 견제하기 위해서 취리히 정부는 1540년에 그 종교재단을 관리하는 공무원들을 선출할 수 있는 법도 관철시켰다.

그럼 교회는 무엇으로 운영되어야 하는가? 종교개혁 이래로 취리히에서 교회 재산은 결혼을 해서 자녀들을 가진 모든 목회자 가정들을 부양하기에는 충분하지 못했다. 이 때문에 1536년에 취리히 교회는 목회자들의 생활실태를 철저하게 파악하면서 목회자 부양을 위해 필요한 금액이 얼마인가를 조사했다. 그리고 취리히 위원회로부터 필요한 재정을 보증해 주겠다는 약속을 받아냈다. 이 뿐만 아니라, 불링거는 당시 많은 교회들의 효율적인 활동을 위해서 추가적인 목사 보조원들을 요청하였다. 하지만 이 자리들은 취리히 위원회가 오직 재정이 충분할 때에만 지원해 주었다.

이러한 상황 속에서 1546년에 취리히 위원회가 목회자회의 의견수렴 없이 자체적인 배상제도를 도입하고, 이것에 필요한 재원을 수도원의 수익으로부터 지원을 했을 때 큰 소동이 일어났다. 불링거는 신뢰받지 못하게 행동하고 교회 재산을 목적에 위배되게 사용한 정부를 향해서 강력하게 비난한 것이다. 이 일이 발생한 이후에 양쪽은 서로 화해의 길을 모색하였다. 결국, 취리히 위원회는 목사들의 부양을 위해서 계속적인 재정지원을 약속했으며, 교회는 교회 재산의 국가적인 운영을 존중했다. 하지만 칸톤 취리히에서 교회의 요구들이 충분히 관철되지 않은 것은 오늘날까지도 여전하다. (어찌되었든 취리히 정부는 불링거 시대로부터 최근 몇 년 전까지도 목회자 사례비의 63%만을 지불해 왔다. 이 때문에 목회자 부양과 관련된 역사적인 법체계의 질문에 대한 강렬한 논쟁의 여지가 오래 동안 유지되어 왔던 것이 사실이다.)*

물론, 취리히 교회의 총회 의장은 오직 목사들만을 위해서 싸우지는 않았다. 그는 가난한 자들, 병자들 그리고 종교적인 망명자들을 위해서도 열심히 변호하였다. 불링거는 어린 시절에 구걸하는 것을 의도적으로 경험했으며, 청년 때는 도망자의 신분에 처하기도 했었다. 그는 동시대를 살아가는 많은 사람들이 매우 위급한 상황 속에 처해 있다는 것을 잘 알고 있었다. 쯔빙글리가 활동할 때인 1524년에 취리히 위원회는 수도원 재산을 가난한 사람들을 돌보는 것과 병자들을 돕는 것을 위해서 사용한다는 것을 이미 독자적으로 의결했다. 그래서 1525년에 그 위원회는 공적인 '자선에 관한 규범'을 공포했었다.

불링거는 가난한 사람들과 병자들의 대변자로서도 이해되어야 한다. 특별히 위급하게 발생한 일들과 관련하여 교회 재산과 다른 공적인 재산들이 사용될 수 있도록 하기 위해서 많은 노력을 기울였다. 그는 취리히 위원회 앞에서 언제든 모든 사안들을 제시할 수 있는 협의기구를 적극적으로 활용했다. 이러한 노력들은 16세기 중반부터 급속히 증가한 종교·사회적인 문제들이나 위급한 현안들과 관련하여 눈에 띄게 큰 효과를 발휘하였다.

---

* 칸톤 취리히 국가교회는 2010년 이래로 목회자 사례비의 100%을 국민들이 내는 종교세를 통해서 지불하고 있다. 그 전까지만 해도 목회자 사례비의 63%는 국가가 지불하고, 그 나머지는 각 교회가 지불하는 방식이었다.

그로스뮌스터 교회의 설교자

불링거의 다양한 역할들과 직무들 때문에 그의 가장 중요한 사역이 망각되어서는 안 될 것이다. 즉, 그는 취리히 교회를 대표하는 그로스뮌스터 교회의 목사이자 설교자였다는 사실이다. 불링거는 당시 오직 주일 오전에만 설교한 것은 아니었다. 취리히 그로스뮌스터 교회 안에서 한 주간 동안 선포되어진 설교는 평균적으로 열두 번 정도 되었다. 물론, 불링거는 자신의 바쁜 업무들 때문에 네 명의 다른 설교자들로부터 도움을 받았지만, 그는 자신의 책임을 성실히 감당하기 위해서 여러 번 설교단에 올라간 것이 사실이었다. 취리히 교회의 수석목사는 일생 동안에 대략 7,000번이 넘는 설교를 수행했다. 그는 당연히 동시

그로스뮌스터 교회의 설교단

대 사람들로부터 탁월한 설교자이자 목회자로서 존경받았다. 불링거 설교의 강력한 힘은 청중들의 실제적인 갈망들과 근심들에 대해 신앙적인 원리를 선명하게 제시한 것과 관련이 있다. 그리고 성경에 대한 체계적인 사고방식과 조직적인 해석에 대한 능력으로부터도 귀결되었다. 스위스 제2신조 안에는 불링거가 자신의 전체 삶 동안 적용하였던 *"하나님 말씀의 설교는 곧 하나님의 말씀이다"* 라는 원칙이 핵심적으로 고백되어 있다: *"그럼으로 이 하나님의 말씀이 합법적으로 부름을 받은 설교자를 통해서 선포되면, 우리는 곧 하나님의 말씀이 선포되었다고 믿어야 한다. 그래서 하나님의 다른 말씀을 찾거나 하늘로부터 다른 말씀을 기대해서는 안 된다는 것이 성도들로부터 이해되어져야 한다. 이 뿐만 아니라, 만약 어떤 설교자가 지독한 악인이나 죄인이라고 할지라도, 그의 설교 안에 하나님의 말씀이 참되고 바르게 보존되어 있다고 한다면, 우리는 당연히 그 설교된 말씀에 대해 존중해야 되지만, 그러나 그 선포한 설교자를 존중해서는 안 된다. 우리의 견해를 통하여 그 선포된 설교가 동일하게 불필요한 것으로 여겨져서는 안 되는데, 왜냐하면 그 가르침은 참된 종교 안에서 성령의 내적인 조명에 의존되어 있기 때문이다. 비록 어느 누구도 스스로 그리스도에게 올 수 없지만 (요 6:44), 즉 아버지가 그를 이끄셔야 하고 그리고 그는 내적으로 거룩한 성령으로부터 조명을 받아야 하기 때문에, 그럼에도 불구하고 우리는 하나님의 말씀이 모든 곳*

에서 공개적으로 선포되어야 한다는 것이 하나님의 뜻임을 알고 있다."

이러한 이해 속에서 불링거는 천재적인 간결함으로 종교개혁의 목적을 밝혔다. 즉, 구원은 하나님의 말씀 안에서만 경험되는 것이며 그리고 그것은 관습이나 교회와 관련되어 있지 않고, 오히려 하나님의 약속 안에 있는 공동체와 관련되어 있다는 사실이다. 하나님의 말씀은 우리로 하여금 로마 카톨릭 교회가 말하는 모든 인간적인 감독자들과 모든 외적인 권위들뿐만 아니라, 또한 내부적인 억압들과 두려움으로부터도 자유하기를 요구하고 있다.

1534년에 하인리히 불링거는 '성례'의 근거를 다룬 저술을 출판하였다: 《하나님의 영원한 언약에 관하여》. 이미 이 주제는 카펠 수도원 학교에서 교사로 활동하는 동안에 연구된 것이다. 불링거에게 인간은 하나님의 영원하고 유효한 언약 대상자이다. 그 언약은 인간을 자유롭게 하고 명예스럽게 하는데, 즉 그것은 각 사람에게 구원의 진정한 가치를

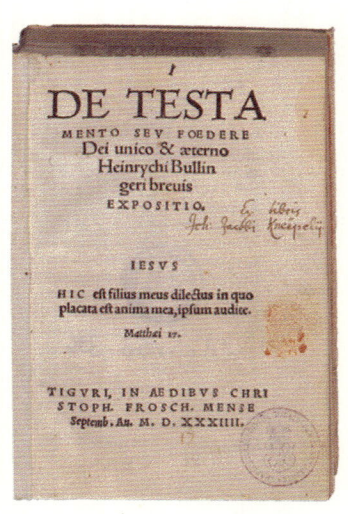

《하나님의 영원한 언약》(1534) 표지

제공한다. 그리고 하나님의 언약은 국가와 교회의 합법적인 협력도 정당하게 만들 뿐만 아니라, 또한 우리로 하여금 하나님의 명령된 도덕법(십계명)에 순종하도록 하는 의무도 갖게 한다. (물론, 그 순종은 구원의 조건이 아니라, 오히려 구원에 대한 감사이자 열매이다.) 더욱이, 그 언약은 무엇보다도 인간을 하나님의 언약 대상자로서, 즉 매우 존귀한 동역자로서 분명하게 인식시킨다. 결과적으로, 불링거는 현대적이고 현실적인 언약개념을 위한 길을 제시했다고 볼 수 있다. 그의 언약적인 확신은 특별히 자신의 목회적인 직무와 관련하여 매우 중요한 삶의 태도를 갖도록 했다: 예배 때 하나님 앞으로 나온 모든 신자들을 향하여 선포되는 설교와 함께 교회 공동체를 책임 있게 돌보게 하는 근거를 제공해 준 것이다.

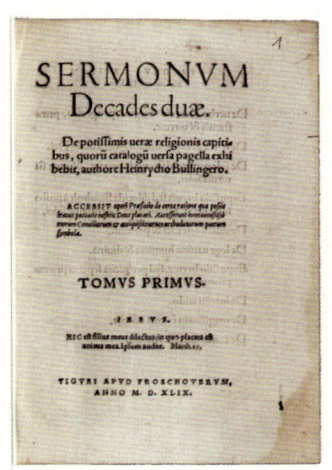

《50편 설교집》초판(1549) 표지

불링거는 자신의 방대한 설교들을 모아서 정리한 《50편 설교집》을 출판했다. 이 설교집은 오십 가지 복음적인 주제들을 다룬 것으로 반드시 알아야 할 신학사상들을 조직적으로 이해할 수 있도록 설명한 것이다. 이 설교집의 영향력은 매우 놀라운 것이었다: 일곱 번의 라틴어판, 네 번의 독일어판, 열 번의 화란어판, 세 번의 불어판 그리고 네 번의 영문판으로 출판되었다. 불링거의 설교집은 영국 설교자들이 반드시 읽어야 할 권장도서로써 많은 개혁주의 신자들의 《가정 설교집》으로 읽혀졌다. 무엇보다도, 이 50편의 설교들은 개혁주의 설교를 위한 좋은 안내서 역할을 감당했다. 여기에는 불링거의 모든 신학적인 사고와 확신이 체계적으로 잘 정리되어 있다.

가족

하인리히 불링거는 결혼을 해서 가정을 이루는 것에 대해 일찍부터 생각했다. 그래서 그는 23세 때 안나 아들리슈빌러에게 청원하였다. 그들이 가능한 한 빨리 결혼한 것은 당시에 새롭거나 놀라운 일이 결코 아니었다. 이미 불링거가 브렘가르텐에서 사역을 할 때 처음 두 아이들이 태어났다. 그 이후에 새로운 다른 형제들은 취리히에서 계속하여 출생하였다. 불링거와 안나는 17년 동안 모두 다섯 명의 여자 아이들과 여섯 명의 남자 아이들을 가졌다.

불링거의 가정은 행복했으며 안정적이었다. 그의 사역은 안나의 헌신적인 내조 없이 생각될 수 없을 것이다. 그녀는 가정과 가족들만 돌본 것이 아니라, 또한 자녀들을

불링거가 살았던 집(왼쪽)과 예언회 건물(오른쪽)

교육시켰으며 그리고 교회의 업무들과 근심들을 함께 나누며 남편을 보조하였다. 이 뿐만 아니라, 안나는 남편을 찾아온 수많은 손님들을 위해 자신의 집을 기꺼이 개방하였다. 그들은 개인적으로나 업무적으로 항상 교류해야 하는 취리히 동료들과 저명인사들이었다. 이와 동시에 학생들, 외국에서 온 종교적인 망명자들 그리고 무엇보다도 유럽 전역으로부터 온 손님들의 방문이 끊이지 않았다. 이러한 가정의 개방을 통해서 불링거의 가족은 '개혁주의 신자의 가정'이라는 한 가지 새로운 가치를 제공해 주었다.

이와 관련하여 만약 불링거가 몇 가지의 책들을 저술하지 않았다면, 그의 가정에 대한 풍경은 결코 확인되지 않았을 것이다. 특별히 기독교 가정에 대한 광범위한 저술인 《기독교인의 가정생활》은 결혼의 성경적인 근거를 제시하면서, 무엇보다도 배우자 선택, 결혼식, 부부 사이의 성관계, 가정을 돌보는 일, 자녀교육 그리고 이혼에 관한 많은 실천적인 조언들을 담고 있다. 불링거에게 있어서 결혼은 하나님의 뜻에 근거한 것이고, 기독교인이 사랑과 공동체적 삶을 실현할 수 있는 장소로 이해하였다. 당연히 자녀들은 그 성취된 결혼을 통해서 맺어진 열매들이다. 안나의 자녀들에 대한 양육은 그녀의 남편에게도 매우 중요한 관심사가 될 수밖에 없었다.

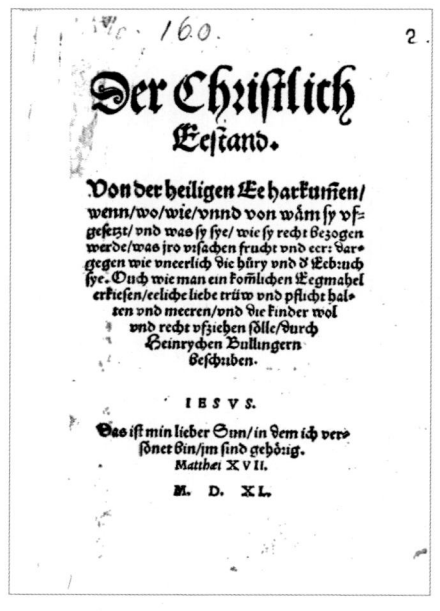

《기독교인의 가정생활》(1540) 표지

그리고 불링거의 가족은 자신의 동료들이나 취리히의 저명인사들과 깊은 관계를 연결해주는 좋은 역할을 감당하였다. 유아 세례를 위한 대리 부모들이 주의 깊게 선발되었는데, 목사들, 교수들 그리고 취리히 정치인들이 불링거의 어린 자녀들을 축복해 주었다. 불링거의 가족은 자녀들의 결혼 배우자를 선택할 때도 단순하게 말하기 어려울 정도로 많은 관심을 끌었다. 취리히의 명망 있는 가문들이 취리히 교회의 총회 의장인 불링거의 집과 관계를 맺길 원했기 때문이다. 몇몇 자녀들을 언급하면, 불링거의 첫 번째 딸인 안나는 쯔빙글리의 아들과 가정을 이루었다. 두 번째 딸인 마가레타는 취리히 시장인 라바터(Lavater)의 아들과 혼인을 하였다. 그의 네 번째 아들인 하인리히(Heinrich)는 아버지 불링거의 후계자인 그발터(Gwalter)의 딸이자 쯔빙글리의 손녀인 안나(Anna)를 아내로 맞이했다. 한 가지 사실을 더 열거하면, 아홉 번째 자녀인 베리타스(Veritas)은 첫 번째 남편이 일찍 세상을 떠난 것 때문에 두 번 결혼을 했는데, 그녀의 남편들은 취리히 위원회 의원과 취리히 시장으로 활동했던 인물들이었다. 하인리히 불링거는 이러한 가정사를 자신의 직업적인 용무와 개인적인 관심사와 깊게 연결시켰을 뿐만 아니라, 또한 각 집안들이 서로 간에 선한 유익을 끼칠 수 있도록 하는 차원으로 이끌었다.

하지만 불링거 가족은 표면적으로 볼 때 슬프고 불행한 운명으로부터 벗어나지는 못했다. 한 실례로, 1564년에

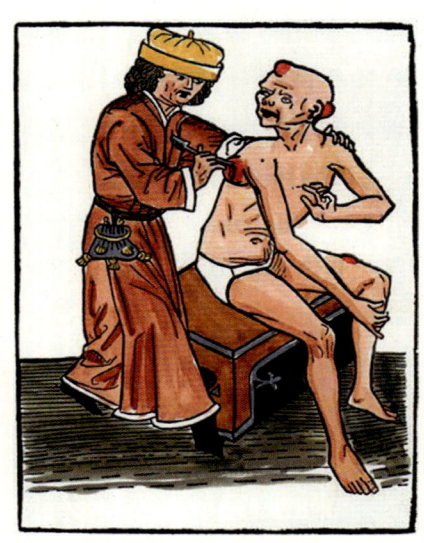
16세기 당시 흑사병 치료

또다시 흑사병(Pest)이 창궐하게 되었을 때 많은 동료들과 가족 구성원들이 그 죽음의 그림자를 피할 수 없게 되었다. 불링거는 자신의 일기장에서 그 힘겨운 시간들을 매우 인상 깊게 기록해 놓았다:

"서기 1564년 9월 15일 저녁. 그 날은 금요일이었는데, 나는 식사 이후에 흑사병으로 인한 생명의 위협을 느꼈다. 이 흑사병은 이미 취리히에 만연하였다. 나는 세 곳에 발생한 흑사병 종기들로 고통을 받고 있었다. 하나는 왼쪽 허벅지 앞면 가장 근육이 많은 부위 중간에 있고, 무릎 아래 오른 쪽 종아리에 있는 것은 근육의 바깥 쪽 위에서 곪았는데 상태가 매우 좋지 않았다. 그리고 나는 같은 오른 쪽 허벅지 위쪽 살에 동일한 종류의 종기를 가졌다. 그것 때문에 나는 낮과 밤에 잠을 거의 자지 못할 정도로 이루 말할 수 없는 강렬한 통증을 머리와 옆구리 쪽에서 느꼈다. 의사들은 규칙적으로 방문을 했다. 무랄토

(Muralto)은 무릎 아래의 종기를 불로 태우는 소독을 했다. 그러나 오직 하나님만이 유일한 치료자이시다. 병든지 17일 째가 되던 날에 나는 교회의 모든 봉사자들을 불러 모으고, 그들에게 감사의 말을 전했으며 또 그들이 의연하고 충성스럽게 일을 감당하고 결속했다는 것을 상기시켰다. 그리고 나는 그들에게 교회를 위한 책임을 전달하였다.

그 다음 날 밤에 흑사병은 내가 진심으로 사랑하는 아내인 안나 아들리슈빌러를 불러갔다. 그녀는 9일 동안 병으로 누어있었는데, 깊은 신뢰로 하나님께 간구했지만, 그러나 9일째 되던 날 병상 위에서 숨을 거두었다. 이 일은 9월 25일 월요일 정오 12시에 발생했다. 그녀는 같은 달 26일인, 그 다음 날 낮 12시에 모든 도시로부터 온 많은 일반 사람들과 명망이 있고 존경을 받은 인사들의 화려한 환송 가운데서 엄숙하게 묘지에 안장되었다. … 10월 27일 새벽 4시에 흑사병은 나의 사랑하는 딸인 마가렛타 라바터(Margareta Lavater)를 엄습했다. 그녀는 다음 날인 10월 28일에 아들인 베른하르트(Bernhard)을 출산했는데, 그는 겨우 이틀이 지난 10월 30일에 유아 세례를 받았다. … 그 아이는 다음 날 밤에 죽었고, 그의 엄마는 이미 10월 30일 밤 11시경에 세상을 떠났다. 그녀는 31일 오후 4시에 흙 속에 묻혔다. 많은 사람들이 교회 입구에서 그녀를 마지막으로 전송하였다. 그녀는 칼스투엄(Karlsturm) 묘지에 안장되었다.

나는 11월 16일에 간신히 병상에서 다시 일어날 수 있

었다. 나는 12월 4일에 거의 6주가 지난 후에 완치된 종기를 절개하였는데 … 특별히 나는 매우 긍휼함을 받은 것이다. 그 당시에 거의 대부분의 사람들이 "내가 하나님께 돌아가며 다른 가족들처럼 교회에서 다시금 전송될 것이다"라고 생각하면서 나의 생명을 위해 하나님께 솔직하게 기도했었다. 그리고 의사들과 다른 모든 동료들이 나의 생명을 이미 포기했으며 … 내가 죽을 것이라는 소문이 이미 널리 퍼져 있었다. 나의 대적들은 기뻐했으며, 성도들은 슬퍼했다. 하지만 하나님은 나에게 자신의 놀라운 은혜를 선물하였다."

불링거의 일기장은 16세기에 발생한 흑사병의 공포를 자세히 기록하고 있을 뿐만 아니라, 더욱이 그의 개인적인 아픔에 대해서도 증언하고 있다. 이 시기의 상실감은 불링거에게 매우 크게 느껴졌을 것인데, 무엇보다도 삶의 동반자였던 안나가 자신의 곁을 영원히 떠났기 때문이다. 불링거에게 두 번째 결혼은 결코 생각될 수 없었다. 어느 누구도 그녀를 대신할 수 없었기 때문이다.

불링거는 자신이 죽기 4전 년인 1571년에 쓴 일기장에서 자녀들과 함께 동행했던 길렌바트(Gyrenbad) 온천요양에 관하여 기록하고 있다. 이때까지 생존하고 있었던 자녀들은 겨우 네 명에 불과했다. 몇몇 아이들은 이미 어릴 때 흙에 묻혔으며, 세 딸은 1564년과 1565년에 흑사병으로 영원한 안식에 들어갔다. 불링거가 목회자로서 유명하게 되었던 것은 아마도 이러한 가족사와도 관련이 있을 것이다. 그는 다양한 경험들로부터 고난에 처한 성도들을 위해 무엇을 행해야 하는가를 분명히 알고 있었기 때문이다. 불링거는 오래 전에 《병자들의 보고》라는 제목으로 목회적인 책을 출판했었다. 여기에는 성도가 어떻게 질병, 고통 그리고 죽음을 감당해야 하며, 이와 동시에 하나님을 향한 신뢰 속에서 이러한 삶의 고난을 어떻게 인내해야 하는가를 교훈하고 위로하는 내용이 매우 진솔하게 담겨 있다.

스위스 연방 안에서 개혁주의 교회의 일치를 위한 노력들

하인리히 불링거는 취리히 종교개혁의 안정적인 정착을 통해서 한 가지 중요한 목적을 달성시켰다. 하지만 그에게 이것만으로는 충분하지 않았다. 로마 카톨릭 교회는 유럽 국가들 안에서 매우 오래되고 광범위하게 분포되어 있는 하나의 종교적인 기관이자 연합체로써 거대한 정치적인 권력과 별다른 차이가 없었다. 종교개혁을 통해서 새롭게 세워진 개신교는 몇 가지 신학적인 갈등 때문에 여러 갈래로 분열되었다: 루터주의 교회, 쯔빙글리주의 교회 그리고 다른 교파들이 발생한 것이다. 이미 잘 알려져 있는 것처럼, 전(全)유럽의 열망이었던 종교개혁은 취리히와 마찬가지로 다양한 지역들 안에서 몇몇 깨어있는 인물들의 헌신을 통하여 발생한 사건이었다. 모든 종교개혁자들은 한 목소리로 로마 카톨릭 교회가 '근본으로(ad fontes), 성경으로 그리고 그리스도에게로' 돌아가야 한다는 것을 외쳤다. 하지만 이 목표 아래서 종교개혁자들은 정치적인 성향처럼 신학적으로도 매우 다양한 입장을 가지고 있었다: 대표적으로 급진적인 성향을 가진 재세례파들은, 이미 언급되었던 것처럼, 교회와 국가의 완전한 분리를 주장했을 뿐만 아니라, 또한 오직 더 이상 죄를 짓지 않겠다고 맹세한 신자들로만 구성된 교회를 세워야 한다고 주장했다. 물론, 다른 개신교도들 역시도 매우 다양한 신학적인 입장들을 가지고 있었다. 이 때문에 신중한 종교개혁자들은 극단적인 분리주의와 개인주의의 위험성을 인식하면서 개혁된 교회가 신학적인 균형과 조화 속에서 유지될 수 있도록 노력하였다.

취리히 교회의 총회 의장이 되기 이전부터 하인리히 불링거는 이미 많은 유명한 신학자들을 알고 있었다. 그들과 지속적인 관계를 유지하기 위해서 규칙적인 서신교류가 이루어졌다. 그 신학자들 중에서 몇 사람은 불링거처럼 당시 교회 안에서 큰 역할을 감당했던 지도적인 인물이 되었다. 그 밖에도 불링거는 새로운 사람들과 지속적으로 서신교류의 범위를 넓혀나갔다. 오늘날과 비교해도 결코 뒤지지 않는 왕성한 서신교류가 서로 간에 이루어졌다. 이 서신교류의 목적은 처음에 안부나 상호 우호적인 의견교환과 연결되어 있었다. 하지만 시간의 흐름 속에서

HEINRYCHVS BVLLINGERVS
...NDECIMI IAM NVNC LABVNTVR SYDERA LVSTRI,
HAEC AETAS, FORMAM PICTA TABELLA REFERT
...IL EGO VEL FORMAM VEL VITAE TEMPORA SPECTO,
SED CHRISTVM, VITAE QVI MIHI FORMA MEAE EST.

새로운 사건들에 대한 정보공유, 어려운 현실의 위기극복을 위한 논의 그리고 여러 급박한 사안들에 대한 질문들의 답변들도 그 내용 안으로 들어왔다. 이 뿐만 아니라, 다양한 신학적인 문제들이 논의되었으며, 무엇보다도 교회일치를 위한 공동의 신앙고백을 위해서 노력하였다. 끝으로, 종교적인 박해들과 강렬한 논쟁들이 발생했을 때에도 서로 간의 협력과 도움을 위해서 유익하게 활용되었다. 그리고 그 신학자들 역시도 취리히에서처럼 국가기관에 정치적인 영향력을 가지고 있었다. 이러한 배경 속에서 유럽 전역을 잇는 새로운 교류망이 초기 종교개혁자들 사이에 구축되었다.

특별히 하인리히 불링거는 스위스 연방의 개혁주의 도시들과 그곳들의 주변 지역들, 그리고 남부독일 지역과 깊은 관계를 맺고 있었다. 대표적으로 다음과 같은 인물들을 떠올릴 수 있다: 제네바의 요한 칼빈(Johannes Calvin), 바젤의 오스발트 미코니우스(Oswald Myconius), 샹 갈렌(St. Gallen)의 요아킴 바디안(Johachim Vadian), 스트라스부르그의 마틴 부처(Martin Bucer), 베른(Bern)의 요한 할러(Johannes Haller) 등. 한 실례로, 할러와 불링거 사이의 서신교류를 살펴보면, 베른교회의 총회 의장과 취리히 교회의 총회 의장이었던 두 사람 사이에만 658통의 서신들이 오갔다. 그들은 많은 사안들 중에서도 특히 국가교회로써 교회정치원리에 관한 질문에 대해 비슷한 입장을 취하고 있었다. 즉, 두 종교개혁자들은 이론적으로 교회와 국가 사이의 직무적인 구별에 대한 분명한 인식을 가지고 있었으나, 그 당시 현실적인 상황들과 관련하여 두 영역 사이의 협력을 매우 강화시키길 원했던 것이다. 하지만 제네바가 베른의 군사

마틴 루터의 초상화(1529)

적인 보호 아래 있었음에도 불구하고, 칼빈은 교회와 국가 사이의 구별된 직무를 좀더 명확하게 드러내기 위해서 대의적인 장로정치원리를 표명하였다. 제네바 교회 역시도 국가교회였지만 국가가 직접적으로 교회를 간섭하는

1529년 말부르그 회의

마틴 부처

하는 것을 방어하기 위해서 교회치리의 문제를 '장로회'를 통해 해결하는 방안이 강구된 것이다. 그러나 결정적으로 스위스 연방의 영향권 아래 있는 개혁주의 도시들 사이에 교회일치를 위한 노력은 다른 논쟁으로 비화되었다.

이미 1525년과 1529년 사이에 루터와 쯔빙글리 사이에 성만찬의 올바른 해석과 관련하여 첨예한 논쟁이 불붙었다. 루터는 예수님의 성만찬 제정과 관련된 말씀인 *"이것은 나의 살이요, 이것은 나의 피다"* 를 문자적으로 이해했다. 이 때문에 비텐베르그 종교개혁자는 빵과 포도주 안에 예수님이 실제로(육체적으로) 현존한다는 것을 전제할 수밖에 없었다. 하지만 쯔빙글리는 이 구절을 상징적으로 이해하길 원했다. 빵과 포도주는 상징일 뿐이며 실제적인 그리스도의 살과 피가 될 수 없다는 것이다. 이와 관련하여 성만찬은 루터에게 그 자체로 은혜의 도구였지만, 그러나 쯔빙글리에게는 단순한 상징이자 예수님의 죽음과 관련하여 유일한 구속사건에 대한 기념일뿐이었다. 그리고 1529년 루터와 쯔빙글리의 신앙일치를 위해서 말부르그(Marburg)에서 열렸던 종교회의는 이러한 상황을 변화시키지 못했다. 오히려, 쯔빙글리의 죽음 이후에 루터는 더욱 강렬하게 취리히 교회를 비판하였다. 한 실례로, 비텐베르그 종교개혁자는 1542년에 취리히 프로샤우어(Froschaur) 출판사에서 인쇄된 취리히 성경에 대한 감정을 다음과 같이 표현하였다: *"그것은 내가 관여할 수 없는 당신들의 설교자와 관련된 사역이기 때문에 … 당신들은 나에게 당신들이 만들고 작업한 것을 더 이상 보내지 않는 것이 좋습니다. 나는 당신들의 영원한 형벌과 수치스러운 가르침에 참여하는 것을 결코 원치 않으며, 오히려 내가 죽을 때까지 당신들을 반대하여 기도하고 가르칠 것입니다. … 하나님이 당신들과 당신들의 해악 앞에서 모든 죄 없는 영혼들을 보호하여 주시기를…"*

스트라스부르그 종교개혁자 마틴 부처와 하인리히 불링거의 교회연합을 위한 노력은 허사로 돌아왔다. 사실 1536년에 부처는 비텐베르그 일치신조(Wittenberger Konkordie)와 함께 루터와 더불어 독일남부 종교개혁 도시들의 연합을 이루었다. 그리고 루터도 종교개혁의 올바른 신학적인 방향성을 위한 걸음으로서 같은 해에 작성된 불링거의 '스위스 제1신조'를 가치 있는 것으로 인정했다. 하지만 루터의 반응과 관련하여 당시의 상황은 너무도 분명하였다. 불링거는 자신이 지속적으로 견지하고 있었던 쯔빙글리의 성만찬 이해를 미리 포기할 수는 없었기 때문이다. 그리고 그는 취리히 종교개혁의 선구자에 대한 이름이 비난 받지 않도록 할 책임도 가지고 있었다. 이 때문에 불링거는 스위스 연방 안에 있는 개혁주의 도시들의 일치를 위해서 더 많은 관심을 기울일 수밖에 없었다.

칼빈은 취리히 성만찬 이해와 관련하여 몇몇 의구심을 품고 있었다. 하지만 그는 불링거와 좋은 관계를 유지하면서 깊은 신뢰로 존중했다. 시간의 흐름 속에서 두 사람 사이의 우정은 더욱 깊어졌을 뿐만 아니라, 또한 그들은 자신들의 신학적인 숙고를 지속적으로 나누었다. 1547년과 1549년 사이에 불링거와 칼빈은 왕성한 서신 교환을 통해서 성만찬에 대한 입장을 지속적으로 발전시켰다. 그리고 서로의 의견을 하나씩 조율하면서 간격을 좁혀갔다. 이 시기에 칼빈은 취리히를 세 번 방문하였으며, 불링거에게 아주 명백하게 성만찬 일치에 대한 자신의 견해를 밝혔다: *"우리가 취리히를 방문했을 때, 우리(칼빈과 파렐)와 함께 성만찬 질문에 관하여 논의한 것은 너와 너의 동료들에게도 유익한 것이었다. ... 우리는 진심으로 아무런 갈등없이 우리가 완전히 일치를 보지 못한 사안에 대해 너희와 다시 논의할 것을 희망한다. 그것은 의심할 것 없이 형제들 사이에서 발생될 최고의 전진이 될 것이다."* 결국, 1549년에 제네바와 취리히 사이에 성만찬 일치가 성사되었다. 불링거는 '신비스런 연합' 안에 있는 거룩한 성령의 임재와 역사를 인정하였으며, 칼빈은 성만찬의 구원효과에 관한 근거로써 믿음을 강조하였다. 그 해 여름에 칼빈은 '취리히 일치서(Consensus Tigurinus)'에 대한 서명을 위해서 아름다운 강물이 흐르는 림마트 도시에 왔다.

하지만 정확히 말하면 모든 개혁주의 도시들이 이 일

치서에 서명한 것은 아니다. 한 실례로, 바젤 같은 도시는 성만찬 일치 자체를 반대한 것은 아니지만, 이미 작성된 신앙고백서를 가지고 있었기 때문에 적극적으로 참여하길 원치 않은 것이다. 어찌되었든 이 취리히 일치서는 교회일치를 위한 노력, 매우 까다로운 신학적인 주제들에 관한 논의 그리고 무엇보다도 두 종교개혁자들인 불링거와 칼빈의 '교회일치를 위한 신념'을 모범적으로 드러낸 것이다. 이 열매 속에서 '쯔빙글리주의자'나 '칼빈주의자' 같은 표현들은 더 이상 의미가 없게 되었다. 두 종교개혁자들의 교회일치를 위한 노력은 참으로 '스위스적인 특징을 가진 개신교' 개념인 '개혁주의 교회(die reformierte Kirche)'를 새롭게 만들어 낸 것이다.

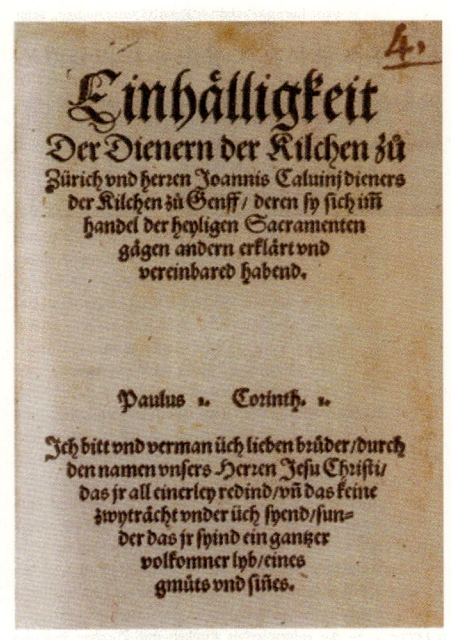

《취리히 일치서》(1549) 표지

* 왼쪽 뒤에서 두 번째 '하인리히 불링거'(O표시)

종교개혁의 빛 (17세기 동판화)

종교개혁에 큰 영향을 미쳤던 1530년 아우구스부르그 제국회의

개혁주의 교회의 아버지

불링거의 서신교류는 스위스와 독일남부 지역에만 국한되지 않았다. 그는 전(全)유럽 안에 있는 신학자들과 목사들, 군주가문의 사람들 그리고 당시 교회 문제들에 대해 큰 관심을 가지고 있었던 평신도들과 교제를 가졌다. 이미 일찍부터 취리히 교회의 총회 의장은 의도적으로 유명한 인사들에게 자신의 저서들을 헌정하였다. 그리고 개인적으로 안면이 없는 사람들에게도 편지 쓰는 것을 두려워하지 않았다. 그의 사역 기간 동안에 많은 사람들이 끊임없이 취리히 집무실을 방문하였다: 취리히를 방문하

는 사람을 통해서 편지를 보내거나 혹은 본인이 직접 만나기 위해 취리히로 여행을 왔다. 불링거는 자신의 일기장에서 취리히를 방문한 많은 손님들을 밝히고 있는데, 안나는 수시로 그 손님들을 대접해야 했다.

그 당시에 하인리히 불링거는 오직 신학적이고 목회적인 질문들에만 자신의 관심을 집중하지는 않았다: 그는 신앙고백적인 발전들에 대해서 매우 진지하게 살폈다. 교회의 분열은 엄청난 정치적인 민감함을 가져 온다는 사실도 알았다: 합스부르그 왕가와 프랑스 왕가는 유럽의 주도권을 위해서 싸웠다. 유럽 도처에서 민족 국가들이 발생하였으며, 특별히 독일에서는 영주 국가들이 자신들의 합법적인 지위를 위해서 격돌하였다. 이러한 정치적인 상황 속에서 군주들이나 영주들은 1555년 '아우구스부르

1555년 아우구스부르그 종교평화협정 합의문

그 종교평화협정'을 통해서 공식화된 '그의 지역, 그의 종교(cuius regio, eius religio)'라는 원칙에 근거하여 자신들이 통치하는 지역들의 신앙고백(Konfession)을 결정하였다. 오직 지역적인 믿음의 자유만 있었을 뿐이며, 개인적인 믿음의 자유는 현실적으로 존재할 수 없었다. 이 때문에 불링거는 개혁주의 교회의 합법적인 인정을 위해서 집중적인 노력을 하였다.

취리히 교회의 총회 의장은 유럽에서 가장 유용한 정보를 소유한 인물들 중에 하나였다. 불링거가 쓰거나 받았던 12,000통의 편지들은 오늘날에도 보존되어 있다: 2,000통은 불링거가 쓴 것들이고, 나머지 10,000통은 그가 받은 것들이다. 이 서신교류는 루터, 쯔빙글리 그리고 칼빈의 것들을 모두 합친 것보다도 많으며 영국, 프랑스, 폴란드, 헝가리 등에까지 펴져있었다는 것을 확인할 수 있다. 불링거는 정보의 풍성함 속에서 교류하는 지역들의 정치적, 교회적, 사회적 그리고 경제적인 상황들과 그곳 교회들의 형편들을 자세히 분석할 수 있었다. 이러한 노력을 통해서 취리히 종교개혁자는 자신의 조언을 구하는 사람들을 위한 합리적인 대응과 목적을 발전시켰다. 무엇보다도, 그는 취리히 교회의 특징을 가진 개혁주의 교회를 확장시키고 견고히 세우기 위해 노력했다. 그러나 불링거는 개신교 내에서 지나치게 첨예화되어 가는 교파주의에 대해서 엄격히 반대했으며, 동시에 교리적인 분쟁을 넘어서 종교개혁에 근거한 모든 복음적인 공동체의 협

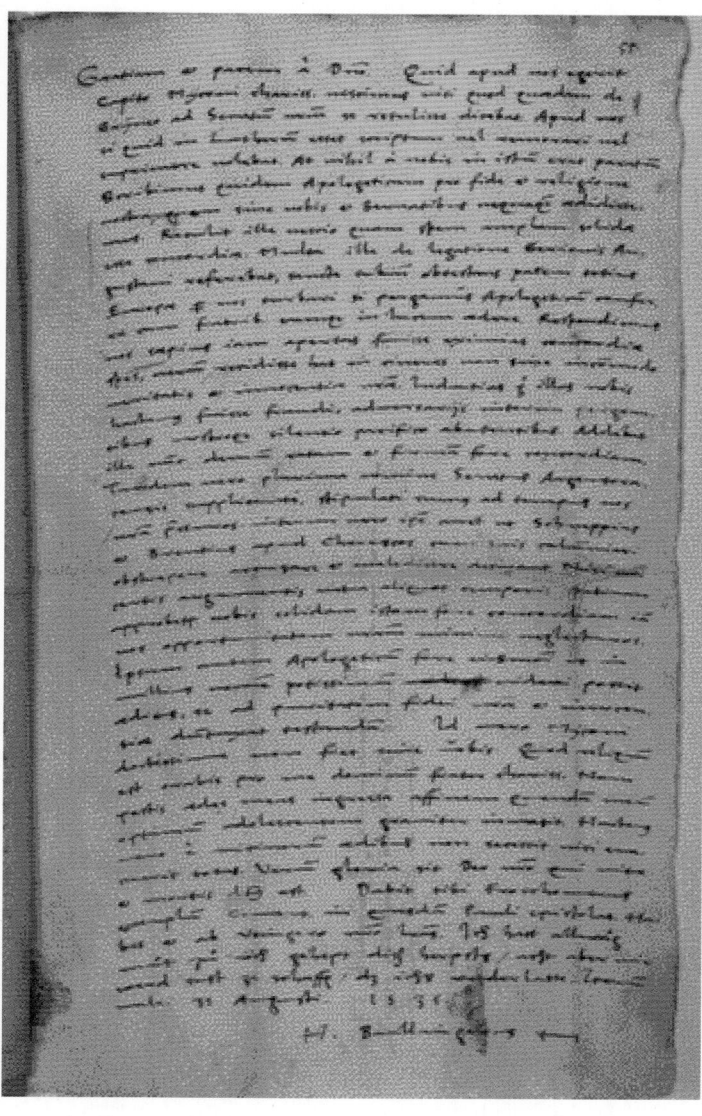

1535년 8월 31일 불링거가 오스발트 미코니우스(Oswald Myconius)에게 쓴 편지

력을 위해 변호하였다. 그는 군주들이 로마 카톨릭 교회를 받아들인 지역들에서 개신교를 위한 종교적인 관용을 적극적으로 호소하였다. 불링거는 루터주의자들, 개혁주의자들 그리고 카톨릭주의자들에 대한 평화로운 공존을 중재한 것이었다.

　이와 관련된 많은 사안들에 대한 한 가지 실례로, 영국의 종교개혁에 관한 불링거의 영향력이 언급될 가치가 있을 것이다. 여기에서는 서신교류와 저서들의 보급 이외에 특별한 의미의 인적교류가 기억될 필요가 있다: 불링거는 영국으로부터 신앙 때문에 망명한 신자들을 정규적으로 받아들였다. 그곳으로부터 시도된 망명은 세 번의 박해들 안에서 발생된 것이다: 첫 번째 망명자들은 1536-7년에 취리히에 도착했고, 두 번째 무리는 헨리 8세로부터 도망한 사람들로 1539년과 1547년 사이에 산발적으로 들어왔으며 그리고 마지막 세 번째는 마리아의 망명자들로 1554년 영국 여왕 마리아 튜더(Maria Tudor)의 공포정치를 피해서

마리아 튜더 초상화(1554)

온 사람들이다. 그들은 깊은 유대감을 가진 신앙공동체로서 취리히에 망명을 왔는데 1559년까지 머물렀다. 영국 사람들은 모두 뛰어난 능력의 소유자들이었다. 고국으로 돌아가서는 많은 사람들이 영향력 있는 인사들로 활동하였다. 그 망명객들에게 취리히는 매우 마음에 드는 매력적인 도시였다. 그들은 자신들을 따뜻하게 맞아준 하인리히 불링거에게 큰 경의를 표시하였고 감사하는 마음을 오래도록 간직하였다. 그들 중에 한 사람이 1573년에 남긴 기록을 확인할 수 있다: *"… 내가 항상 큰 호의로 사랑하였으며, 다른 탁월한 특성들을 가진 것뿐만 아니라 깊은 학식과 보기 드문 경건을 가진 것 때문에도 존경하였던 불링거 목사 이외에 내가 어느 누구에게도 사랑으로 편지를 써 본적이 없다. …"*

이러한 인격적인 만남을 통해서 매우 자연스럽게 취리히와 영국 사이에 지속적인 교류관계가 형성되었다: 두 나라 신학자들 사이에서 많은 서신들이 교환되었을 뿐만 아니라, 또한 학생들의 인적교류도 이루어졌다. 불링거는 호기심 있게 읽을 수 있으며, 실제로 베스트셀러들이 되었던 자신의 저서들을 영국으로 보냈는데, 다음과 같은 저서들을 떠올릴 수 있을 것이다: 《옛 믿음》, 아홉 번 영어로 출판된 《기독교인의 가정생활》, 《스위스 제2신조》, 이미 앞서 언급된 《50편 설교집》 등. 그 당시 사람들의 평가에 의하면 16세기에 불링거의 《50편 설교집》보다도 영국의 성직자들을 잘 무장시켰던 책은 없었다고 기

록하고 있다: *"그는 칼빈의 난해한 자리 곁에 탁월한 명료함을 두었고, 또한 무스쿨루스(Musculus)의 사변적인 섬세함의 자리 곁에 대중적인 평이함을 두었다."* (영국판 1170장에 기록되어 있는 글)

특별히 '마리아의 망명자들'과 맺은 개인적인 관계에 근거하여 불링거는 16세기 전(全)유럽에 있는 모든 개혁주의 믿음의 도망자들에게 위로와 격려를 줄 수 있는 저서를 출판하였다: 1554년부터 1556년까지 취리히 교회에서 선포한 요한 계시록에 관한 100편의 설교모음집이다. 이 설교집은 영국에서 요한 계시록 설교와 해석에 있어서 큰 유행을 불러일으켰다. 물론, 이 현상은 그렇게 놀라운 것이 아니었다. 그 당시 정치와 교회 안에서 발생한 큰 시대적인 변화는 세계 종말에 관한 질문을 하도록 각성시켰다. 이와 관련하여 요한 계시록은 고난 중에 있는 성도들에게 위로를 줄 뿐만 아니라, 천년왕국에 대한 소망도 갖게 하였다. 더욱이, 불링거의 요한 계시록 설교집은 신세계를 향해 이주한 17세기 청교도들에게도 중요한 의미를 갖게 하였다. 그들은 아메리카(Amerika)에서 새로운 예루살렘을 상징하는 '언덕 위의 도시'를 건설하기 위해서 고난의 길을 기꺼이 떠난 것이다.

하지만 불링거는 스위스 연방 안에서 평화와 관용을 위한 진지한 노력이 별다른 열매를 맺지 못한 것과 관련하여 특별한 아픔을 경험해야 한다. 로마 카톨릭 교회를 지지하는 지역들이 다시는 종교적으로 연합할 수 없는 자신들의 고유한 신앙고백을 채택했기 때문이다. 즉, 스위스 연방 안에서 교파주의가 형성됨으로 인하여 교회일치를 위한 기대가 요원해 진 것이다. 이러한 여파 속에서 대표적으로 1544년에 스위스 남쪽에 위치한 노카르노(Locarno)에 새롭게 설립된 개혁주의 교회의 폐쇄가 강제적으로 이루어졌다: 개혁주의 신앙을 고수하길 원하는 사람들은 그곳을 떠나야만 했다. 불링거의 다양한 노력에도 불구하고, 그곳에서 종교개혁 사상을 추구하는 교회가 더 이상 유지될 수는 없었다. 결국, 그곳을 떠나온 신앙적인 도망자들은 취리히에 일시적인 도피처를 마련해야 했다.

1555년 5월 12일 노카르노 개신교 망명자들의 취리히 도착

개혁주의 교회의 아버지

기록자와 역사가

불링거는 열정적인 기록자였다. 그는 지역적인 상황, 특별히 하늘의 이상한 징조나 역사적인 사건, 공적인 동기나 사적인 상황이든, 자신이 귀로 들었던 모든 것들을 기록으로 남겼다. 불링거는 종종 짧게 정리한 새로운 정보들을 동료들에게 지속적으로 알려주기도 했다. 이러한 면에서 볼 때, 그는 16세기 신문매체(Journalismus)의 선구자라고도 할 수 있다.

취리히 종교개혁자는 다양한 사람들을 통해서 수집된 많은 정보들을 체계적으로 정리하였다. 그리고 그는 일상의 현장에서 벌어지는 모든 일들에 대해서도 기록으로 남겼다. 한 실례로, 학교와 총회에 관한 회의록을 작성하였다. 불링거는 일기 쓰는 습관도 가졌는데, 그의 일기장(Diarium)은 자신의 고유한 삶 속에서 발생한 일들에 관한 훌륭한 정보와 통찰을 알려주고 있다. 그러나 아직 이러한 것들이 불링거를 역사가로 만들지는 않았다. 그는 전(全)생애 동안 기술한 기록물들과 역사적인 자료들을 모으고 연구하였다. 수년 동안 역사적인 사건들의 연대기에 관한 질문에 집중하였다. 즉, 전통적인 저자들의 견해와 구약 성경의 진술을 참고하고 기초로 하여 매우 포괄적인 세계 역사의 절대적인 연대기를 설계했다.

그리고 불링거는 30년이 넘는 시간 동안 《종교개혁의 역사》를 서술하였다. 1567년 11월 10일에 완결된 이 역사서에는 1519년부터 1532년까지 취리히, 스위스 그리고 독일에서 일어난 종교개혁에 관한 격변의 역사들이 자세히 기록되어 있다. 이 뿐만 아니라, 거대한 유럽의 정치적인 공간 안에서 발생한 사건들 역시도 정리되어 있다. 불링거는 이 책의 서문에서 종교개혁에 관한 역사서의 의미와 역사가의 직무가 무엇인가에 대해 자세히 밝혔다:

"1519년에서 1532년까지 발생한 사건들과 진행은 놀랍고, 매우 기쁘며 그리고 여러 면에서 슬프기도 할 뿐만 아니라, 또한 즐겁게 읽고 그리고 유익한 것들을 알 수 있게 하며, 게다가 반드시 필요한 내용들이다. 그 밖에 오래 기억하지 않을 뿐만 아니라, 또한 중요한 일들을 빨리 잊어버리는 사람들의 무관심을 통하여 하나님의 위대한 사역들, 바른 가르침들과 뛰어난 모범들이 완전히 잊혀져가고 있다. 그러나 이 모든 것들은 부지런히 문자적인 기록들을 통하여 다시 기억되어야 하며 그리고 사람의 지식 안에 특별하고 유용하게 각인되어야 한다."

역사의 한 증언자로서 하인리히 불링거가 간접적으로든 혹은 직접적으로든 경험하였던 역사적인 사건들에 대한 기억들은 단순히 그 자신을 위해서만 필요한 것이 아니었다. 역사적인 기록이 남겨져야 하는 절대적인 이유는 역사와 세상 속에서 하나님의 섭리가 인식될 수 있도록 하는 것에 있다. 불링거에게 역사의 의미는 항상 하나님의 구속역사와 관련된 것이었다. 이러한 시각은 특별히 취리히 종교개혁을 위해서도 유효하였다. 하지만 많은 후

불링거의 《취리히 연대기》 (1574) 표지

대 역사가들은 이러한 시각에서 서술한 불링거의 역사를 긍정적으로 평가하지 않았을 뿐만 아니라, 또한 역사가로서 불링거의 업적을 인정하려고 하지 않았다.

그럼에도 불구하고 한 역사가로서 불링거의 도전은 정당한 것이었다. 그는 스스로 이렇게 언급하고 있다: *"내가 1530년에 나의 고향 브렘가르텐에서 설교했으며 그리고 교회를 섬기는 부름을 받았을 때, … 나는 그리스, 로마 그리고 다른 국민들의 역사에 관한 특별한 관심을 발전시켰다. 그때 나는 내가 사랑하는 조국인 스위스의 역사를 탐구하며 연구하고 싶은 강렬한 자극을 받았다. 이러한 생각 속에서 나는 의심 없이 하나님의 놀라운 역사들을 발견하였는데, 무엇보다도 하나님의 섭리를 다른 나라들의 역사 안에서 뿐만 아니라, 또한 고유한 조국의 역사 안에서 더 많이 깨닫게 되었다. 그래서 나는 나의 신학적인 학문과 교회봉사를 위해 주어진 시간을 쪼개어서 조국의 역사에 관한 연구에도 할애하였다."*

1572년부터 1574년까지 불링거는 자신의 큰 업적이라고 할 수 있는 14권으로 구성된 취리히와 스위스 연대기를 서술하였다. 하지만 그것은 출판되지는 못했다. 교황주의자들과 개혁주의자들이 평화로운 공존을 위해 여러 시도들이 이루어졌던 시공간 속에서 로마 카톨릭 교회와 교황을 강하게 비판하고 있는 이 저서가 출판되는 것은 환영받지 못했기 때문이다. 이러한 아쉬움에 대한 기억이 있을지라도, 분명히 하인리히 불링거는 자신이 살았던 시대 속에서 가장 탁월한 역사가들 중에 한 사람이었다.

한 개인의 유언적인 신앙고백서

1566년에 아우그스부르그(Augsburg)에서 신성로마제국 회의가 열리도록 계획되어 있었다. 이 회의를 위한 의제 안에는 팔츠(Pfalz)의 선제후 프리드리히 3세(Friedrich III)를 깊게 고민하도록 만든 두 가지 심각한 질문

팔츠 선제후 프리드리히 3세

들이 놓여 있었다: *"어떻게 기독교 종교를 정확하게 이해하고 있는가?", "어떻게 만연되어 있는 미혹적인 교파들을 예방할 수 있는가?"* 이 질문들은 1555년 아우구스부르그 종교평화협정에서 신성로마제국의 공적인 종교로써 인정되지 않았던 개혁주의 교회가 고려된 것이었다. 루터주의자들과 다르게 개혁주의자들은 분파주의자들로서 이단으로 간주되었을 뿐만 아니라, 또한 극심한 박해의 위협이 주어져 있었다. 이러한 어려운 상황 속에서 프리드리히 3세는 신앙의 동역자인 스위스의 교회에 도움과 자신의 입장을 변호할 수 있는 신학적인 논거를 요청하였다. 하인리히 불링거는 그 선제후의 요청에 대해 성실하

게 답변하였으며, 그리고 특별히 그에게 《우리 믿음의 해설》이라는 제목의 한 신앙고백서를 동봉하였다: *"주후 1564년 흑사병이 만연했을 때, 나는 이 신앙고백서를 작성하였다. 나는 그 병으로 인하여 거의 죽은 것이나 다름이 없었다. 그래서 나는 이 신앙고백서를 작성하여 내 믿음의 유언장과 내 가르침의 신앙고백으로 남기기 위해서 취리히 위원회에 넘겨주었다. 팔츠 선제후에게 기독교 진리의 확실한 규범이 필요하기 때문에, 지금 이 신앙고백서를 그에게 보내는 것이 나에게 선한 일로 여겨졌다."*

이 신앙고백서는 팔츠 선제후에게 특별하게 취급받았다. 그는 이 문서가 곧바로 출판되는 것이 좋을 것 같다는 생각을 나타냈다. 이와 관련하여 취리히, 베른 그리고 제네바에서 이 공교회적인 신앙고백서의 출판이 위임되었다. 각 도시의 종교 지도자들은 프리드리히 3세의 의견을 경청한 이후에 불링거의 신앙고백서를 상세하게 검토하였다. 짧은 시간 속에서 이 신앙고백서에 대해 베른과 제네바뿐만 아니라, 동시에 샤프하우젠(Schaffhausen), 뮬하우젠(Mülhausen), 쿠어(Chur) 그리고 샹 갈렌이 동의하였다. 오직 바젤만 유일하게 자신의 고유한 신앙고백서를 고집하였다. 이렇게 해서 흑사병에 걸려 사경을 헤매던 병자의 개인적인 유언장이 개혁주의 신앙을 따르는 스위스 연방 도시들의 공적인 신앙고백서인 《스위스 제2신조》로 등장하게 되었다.

불링거의 신앙고백서는 무엇에 관하여 기록하고 있을

까? 스위스 제2신조는 개혁주의 교회의 전형적인 신앙유산이다. 그 신앙고백서 안에서 교회는 거룩한 진리의 이해를 종합하고, 잘못된 성경의 해석들을 경계하며 그리고 기독교 교리에 대한 입장을 선명하게 확인할 수 있다. 모든 신앙의 내용들은 철저히 불링거의 신학사상에 근거한 것이다. 그는 거룩한 성경의 토대 위에서 참된(정통적인) 믿음과 기독교 종교의 보편적인 교훈을 밝히 드러냈다. 특별히 이 신앙고백서의 전체 내용 중에서 가장 유명한 문장은 다음과 같다: *"하나님 말씀의 설교는 하나님의 말씀이다."*

불링거는 확실한 통찰 속에서 16세기 중심적인 신학주제들을 붙잡았다: 하나님의 말씀에 근거한 믿음, 선행들과 그것들의 보상, 인간의 이해 등. 믿음은 하나님과 그분의 약속 안에 있는 실제적인 신뢰로부터 기인한 것이다. 결과적으로, 불링거는 이러한 교회를 설립하였다. 그는 교황 직분과 로마 카톨릭 교회 안에 존속하고 있는 성직 계급을 강하게 비판하였다. 왜냐하면 교회는 *"예수 그리스도가 필요로 하는 대리인(교황)은 없다. 예수 그리스도는 교회 안에 현존하시며 그리고 그 교회의 살아있는 머리이다"* 라는 믿음의 고백 위에 서 있기 때문이다. 그럼에도 불구하고 교회의 연합에 관한 근심이 불링거를 늘 자극하고 있었다. 이와 함께 그에게서 교회는 매우 현대적으로 이해되었다: 오직 예수 그리스도가 선포되는 곳에 교회가 존재한다. 그러나 실제적으로 다양한 관습들이

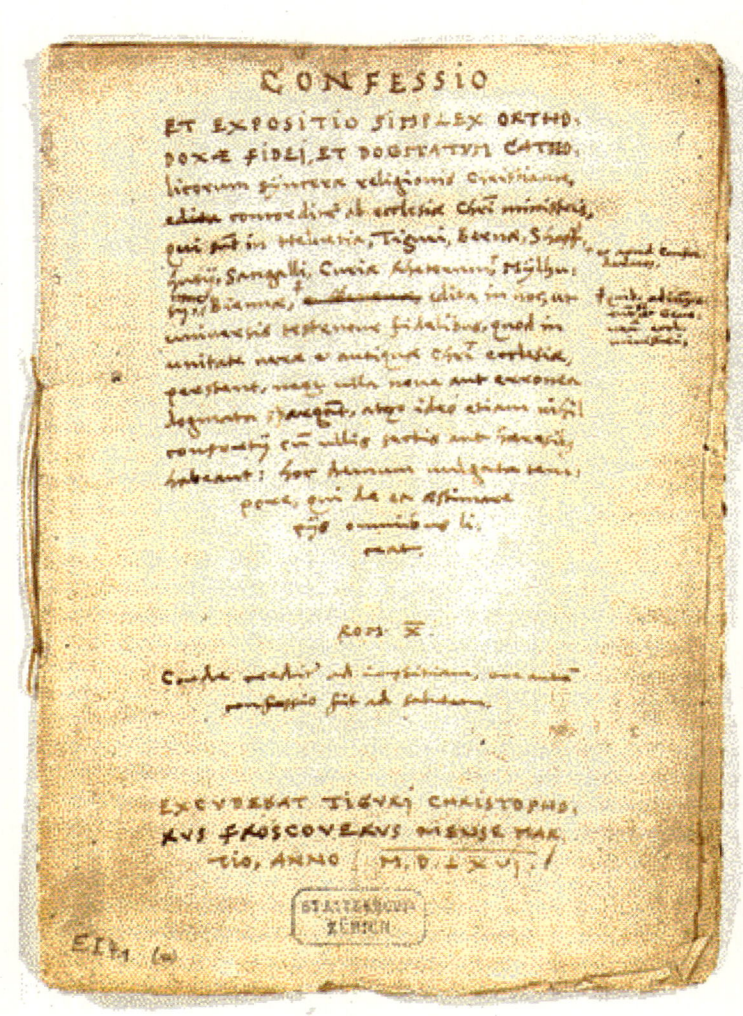

불링거의 《스위스 제2신조》 자필 원본

나 의식들을 가진 많은 지역 교회들이 공존하고 있다. 모든 신앙고백서의 내용은, 물론 그 당시에 아직 구체적으로 주제화되지 않았던, 하나님은 거룩한 성령 안에서 현존하실 뿐만 아니라, 또한 하나님의 말씀 안에서, 그 말씀의 선포 안에서, 믿음 안에서 그리고 교회 안에서 역사하신다는 확신으로부터 각인된 것이다.

스위스 제2신조의 영향력은 매우 컸다. 스위스 종교개혁에 관한 저술들이나 칼빈의 저술들도 이 신앙고백서의 출판된 수량이나 광범위하게 배포된 영역에 미치지는 못하였다. 오늘날까지 13개 언어로 대략 120판 정도가 출판되었다. 불링거의 신앙고백서는 이미 1566년에 목사들이 서명한 지역들인 제네바, 프랑스 그리고 스코트랜드(Schottland)에서 출판되었다. 그 다음에는 화란(Holland), 오스트리아(Österreich), 폴란드(Polen) 그리고 헝가리(Ungarn)로 확장되었다. 스위스 제2신조는 특별히 헝가리 교회에 신학적이고 정치적으로 매우 크게 영향을 미쳤다: 1567년에 헝가리에서 그 신앙고백서가 처음 받아들여졌으며, 그리고 1647년에는 개혁주의 교회의 국가적인 존재기반이 되었다. 불링거의 신앙고백서는 19세기 스위스에서 자신의 구속력을 상실할 동안에도, 자유주의 시대의 헝가리에서는 개혁주의 교회의 보편타당한 상징과 신앙자유의 증서로써 여전히 존속되었다. 오늘날에도 스위스 제2신조는 헝가리 개혁주의 교회를 위해서, 그리고 미국에서부터 한국에 이르기까지 각 나라들의 고유한 개혁주의 교회를 위해서 여전히 유효하다.

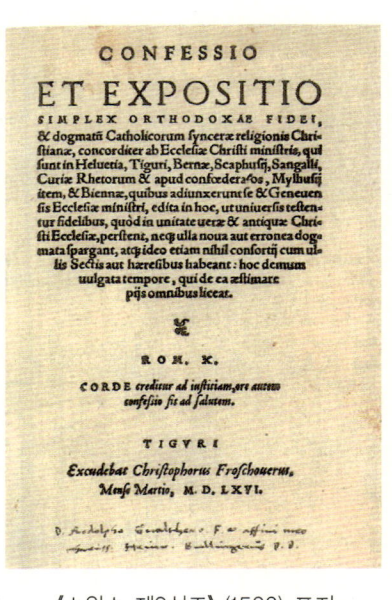

《스위스 제2신조》 (1566) 표지

오직 작은 수의 사람들만이 생애의 과정 속에서 불링거의 신앙고백서처럼 자신들의 유언장이 그토록 가치 있는 효과를 발휘하는 것을 경험할 수 있다. 이 비밀은 당연히 불링거가 사라진 자리에 오직 예수 그리스도만이 증거되는 것과 관련이 있다. 이 사실에 대해 불링거의 신앙적인 좌우명이 증거한다: *"이는 내 사랑하는 아들이요 내 기뻐하는 자니 너희는 저의 말을 들으라." (마 17: 5)*

그 당시 모든 취리히 교회는 하인리히 불링거라는 한 인물에 절대적으로 기대어 있었다. 일 년 내내 방광염과 신장염 때문에 완전히 여위고 힘을 잃은 상태에서 불링거는 1575년 9월 17일에 71살의 나이로 영원한 안식에 들어갔다. 그는 죽어가면서 다시금 취리히 정부와 국민들에게 한 교회를 이루며 그리고 자신의 유언을 성실히 이행할 것을 호소하였다. 하지만 그 이후로 불링거를 넘어설만한 경건하고 실력 있는 후계자는 등장하지 않았다. 그의 죽음 이후로 취리히는 유럽 개혁주의 교회 아래서 자신의 주도적인 권리를 잃었으며, 무엇보다도 그 영향력은 제네바로 옮겨지게 되었다.

하인리히 불링거가 시간의 흐름 속에서 거의 잊혀진 것은 그 자신에게 독특한 현상일 수 있다. 왜냐하면 그는 항상 다른 사람

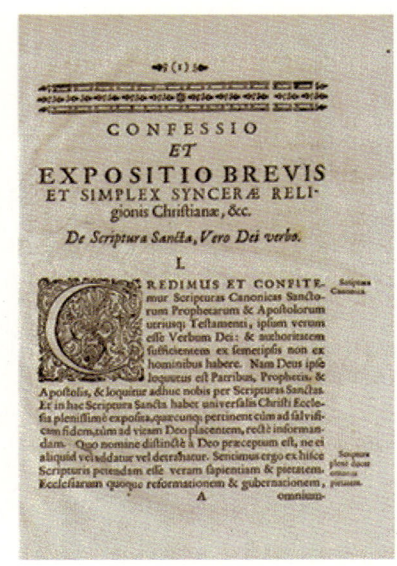

《스위스 제2신조》 본문

들을 위한 헌신 속에서 자신의 입장을 대변했기 때문이다: 철저하게 쯔빙글리의 이상 안에서, 취리히 교회 안에서, 개혁주의 교회의 일치 안에서, 복음 안에서 그리고 그리스도를 위한 헌신 안에서 오직 그 자신의 직무를 수행한 것이다. 그럼에도 불구하고 불링거는 오늘날까지도 개혁주의 교회 안에서 여전히 매우 중요한 영향을 미치고 있다는 사실이다. 그는 스위스 개혁주의 교회뿐만 아니라, 동시에 유럽 개혁주의 교회 아래서 교회일치를 위한 역할을 통하여, 현대적인 연방국가의 근간이 된 언약신학을 통하여 그리고 설교의 자유와 개인적인 종교의 자유를 위한 헌신을 통하여 큰 유익을 주고 있다.

참고서적

1차 자료

- Heinrich Bullinger Werke. 1. Abteilung Bilbiographie: Beschreibendes Verzeichnis der gedruchkten Werke von Heinrich Bullinger, Bände 1-2, Zürich TVZ.
- Heinrich Bullinger Werke. 2. Abteilung Briefwechsel, Bände 1ff., Zürich TVZ.
- Heinrich Bullinger Werke. 3. Abteilung Theologische Schriften, Bände 1ff., Zürich TVZ.
- Heinrich Bullinger, Das Zweite Helvetische Bekenntnis, Zürich TVZ.
- Heinrich Bullinger Schriften (in heutigem Deutsch), 7 Bände, Zürich TVZ.

2차 자료

- F. Blanke & I. Leuschner, Heinrich Bullinger, Vater der reformierten Kirche, Zürich 1990.
- F. Büsser, Heinrich Bullinger: Leben, Werk und Wirkung, B.de. 1+2, Zürich 2004.
- F. Büsser, Art. Heinrich Bullinger, TRE 7, 1981, 375-387.
- E. Campi, Art. Heinrich Bullinger, RGG4 1, 1998, 1858f.
- U. Gäbler & E. Herkenrath(Herausgeber), Heinrich Bullinger 1504-1575: Gesammelte Aufsätze zum 400.

- Todestag, Bde.1+2, Zürich 1975.
- A. Münling, Heinrich Bullingers europäische Kirchenpoklitik, Bern 2001.
- C. Pestalozzi, Heinrich Bullinger. Leben und ausgewählte Schriften, Elberfeld 1858.
- A. Schinder & H. Stickelberger(Herausgeber), Die Zürcher Reformation: Ausstrahlungen und Rückwirkungen, Bern 2001.
- J. Staedtke, Die Theologie des jungen Bullinger, Zürich 1962.
- H. Stucki, u.a.: Geschichte des Kantons Zürich, Frühe Neuzeit 16. bis 18. Jahrhundert, Zürich 1996.

* 그림 색인
1. 표지: 불링거의 30대 초상화
2. 1531년 10월에 발생한 카펠 전쟁 - 13p
3. 1537년에 그려진 불링거의 30대 초상화 - 17p (표지 그림과 같음).
4. 브렘가르텐 전경 - 20p
5. 야생거인 문양 - 21p
6. 불링거의 어머니, 비더케어 초상화 - 22p
7. 불링거의 아버지, 장자 하인리히 불링거 초상화 - 23p
8. 16세기 브렘가르텐 교회 - 24p
9. 16세기 엠머리히 - 26p
10. 토마스 아 켐피스 초상화 - 27p

11. 그리스도를 본받아서 표지 – 28p
12. 16세기 쾰른 – 30, 31p
13. 에라스무스 초상화(1523) – 33p
14. 카펠 수도원 – 37p
15. 필립 멜랑흐톤 초상화(1532) –39p
16. 예언회(오늘날 취리히 대학교 신학부)와 그로스뮌스터 교회 – 39p
17. 1523년 첫 번째 취리히 논쟁 – 40p
18. 볼프강 요너 초상화 – 41p
19. 후스와 루터의 성만찬 (1550년 목판화) – 44p
20. 쯔빙글리 초상화(1531) – 47p
21. 1525년 재세례파 논쟁 –49p
22. 1528년 야콥 팔크(Jakop Falk)와 하이니 라이만(Heini Reimann)의 수장형 – 50p
23. 16세기 베른 – 53p
24. 1528년 베른 논쟁 결정문 표지 – 54p
25. 안나 아들리슈빌러 – 55p
26. 16세기 외텐바흐 수녀원 – 56p
27. 16세기 브렘가르텐 – 61p
28. 쯔빙글리의 죽음 – 63p
29. 레오 유트 초상화 – 68p
30. 1524년 취리히 그로스뮌스터 교회의 성상제거 – 70p
31. 16세기 취리히 – 72p
32. 그로스뮌스터 교회의 설교단 – 76p

33. 1534년 하나님의 영원한 언약 표지 – 78p
34. 1549년 50편 설교집 표지 – 79p
35. 불링거가 살았던 집(외쪽)과 예언회(오른쪽) – 81p
36. 기독교인의 가정생활(1540) 표지 – 82p
37. 16세기 당시 흑사병 치료 – 84p
38. 중년의 불링거 초상화 – 89p
39. 마틴 루터 초상화(1529) – 91p
40. 1529년 말부르그 회의 – 91p
41. 마틴 부처 (1669년 동판화) – 92p
42. 1549년 취리히 일치서 표지 –95p
43. 종교개혁의 빛 (1650년 동판화) – 96, 97p
44. 종교개혁에 큰 영향을 미쳤던 1530년 아우구스부르그 제국회의 – 98p
45. 1555년 아우구스부르그 종교평화협정 합의문 – 99p
46. 불링거가 오스발트 미코니우스(Oswald Myconius)에게 쓴 편지 – 101p
47. 마리아 튜더 초상화(1554) – 102p
48. 1555년 5월 12일 노카르노 개신교 망명자들의 취리히 도착 – 105p
49. 1574년 불링거의 취리히 연대기 표지 – 108p
50. 노년의 불링거 초상화 – 110p
51. 팔츠 선제후 프리드리히 3세 – 111p
52. 불링거의 스위스 제2신조 자필원본 – 114p
53. 스위스 제2신조(1566) 표지 – 116p
54. 스위스 제2신조 본문 – 117p